FORCE ET FRAGILITÉ DES NORMES

DU MÊME AUTEUR
    À LA MÊME LIBRAIRIE

L'histoire, sous la direction de G. Marmasse, « Thema », 2010.
L'histoire hégélienne entre malheur et réconciliation, 2015.

BIBLIOTHÈQUE D'HISTOIRE DE LA PHILOSOPHIE
Fondateur Henri GOUHIER   Directeur Emmanuel CATTIN

Gilles MARMASSE

FORCE ET FRAGILITÉ
DES NORMES

LES PRINCIPES DE LA PHILOSOPHIE DU DROIT
DE HEGEL

PARIS
LIBRAIRIE PHILOSOPHIQUE J. VRIN
6 place de la Sorbonne, V e

2019

première édition © *Presses Universitaires de France*, 2011
© *Librairie Philosophique J. VRIN*, 2019
ISSN 0249-7980
ISBN 978-2-7116-2850-6
www.vrin.fr

Pour Isabelle

AVANT-PROPOS

La mauvaise réputation de Hegel n'est à faire : fascination ridicule pour la conceptualité la plus abstraite, conservatisme outré, germanophilie agressive, volonté de faire de l'individu un simple jouet aux mains de l'État… Sa pensée vaut-elle dès lors une heure de peine ? De fait, nombreux sont ceux qui se font gloire de leur détestation de l'hégélianisme. Il se trouve toutefois que chacun des diagnostics habituellement portés rencontre son démenti. Hegel se passionne pour l'expérience concrète, défend le changement historique, célèbre la réconciliation, et fait de la liberté le thème clé de sa pensée. Cela ne signifie pas, bien entendu, qu'il soit au-dessus de toute critique, ni qu'il faille approuver naïvement sa manière de philosopher. Mais il est assurément sensé d'entrer en dialogue avec lui.

Plus spécifiquement, pourquoi lire les *Principes de la philosophie du droit* ? En premier lieu, Hegel croit en la philosophie et considère qu'elle a quelque chose à dire sur l'expérience juridico-politique. Il ne prend pas pour point de départ les limites de la raison philosophante mais, bien plutôt, l'ambition qu'elle a d'appréhender adéquatement l'essence du droit. Cette conviction, énergique et productive, mérite d'être examinée pour elle-même. En deuxième lieu, Hegel tente de penser à la fois l'unité de la sphère juridico-politique et sa diversité. Il cherche sa structure générale et le principe de sa genèse, mais accorde en même temps toute son attention à sa complexité et à ses aspects les moins prévisibles. Si l'enjeu essentiel des *Principes* peut sans doute être ressaisi en quelques pages, l'ouvrage propose aussi un passionnant itinéraire dans les tours et les détours des institutions existantes et des problèmes classiques de philosophie du droit. En troisième lieu enfin, c'est son ambivalence qui rend le discours des *Principes* remarquable. Hegel insiste à la fois sur la grandeur du droit, comme inscription de la « volonté libre » dans le monde, et sur ses carences et ses échecs. Les *Principes* sont tout autant une philosophie de l'injustice qu'une philosophie du droit, car Hegel rend compte des normes juridiques à partir de l'effort sans cesse entravé de l'esprit pour institutionnaliser sa liberté.

Le présent ouvrage se propose de mettre en évidence la démarche générale des *Principes* et de passer en revue leurs principaux thèmes au fil conducteur de la question de la raison. L'hypothèse défendue est en effet que, pour Hegel, dans la sphère du droit, la rationalité se trouve à la fois objectivée et relativisée. Car l'esprit est ici disséminé en une série de moments mutuellement extérieurs, de sorte que les principes de légitimité y sont contradictoires, les actes laborieux, les succès précaires, et l'iniquité toujours menaçante. Même s'il se caractérise par le progrès et une certaine libération, l'esprit objectif demeure la sphère d'un devoir-être qui jamais n'est à l'abri de la transgression.

On proposera un commentaire suivi du texte, toutefois par grandes masses et non par paragraphes. Les exégèses purement linéaires, en effet, ont pour inconvénient d'écraser les problématiques et d'empêcher de prendre, à l'égard du texte, une distance pourtant indispensable. En même temps, tout texte hégélien doit être étudié à partir de son organisation propre. Car sa structure n'est pas simplement pédagogique mais constitue un dispositif d'auto-engendrement et d'auto-validation. Il faut donc partir de l'ordre du texte, tout en le mettant en perspective par le repérage des difficultés que l'ouvrage rencontre et tend à résoudre.

Outre la mise en évidence du projet philosophique de Hegel à propos du droit, on s'efforcera de dessiner son profil « idéologique ». L'hypothèse est que l'hégélianisme, qui nous apparaît aujourd'hui comme conservateur, a été en son temps une pensée progressiste. En effet, si l'auteur des *Principes* se méfie de ce qu'on nommerait de nos jours le « populisme », il fait de la volonté des individus le fondement de tout ordonnancement juridique et de toute vie politique. C'est pourquoi il proclame le droit de chacun à accéder à la propriété, à choisir la maxime de son action et à participer – certes selon sa condition et sa compétence – à l'activité de l'État. Si l'hégélianisme dénonce la mise en cause de l'autorité et des valeurs établies au nom d'idéaux « vides », en revanche il théorise la légitimité et finalement le caractère irrésistible du changement historique, lorsqu'il permet de faire grandir la liberté.

Chapitre premier

LE TEXTE ET LE CONTEXTE DES *PRINCIPES*

La place et le statut des textes des *Principes*

Les *Principes de la philosophie du droit* se présentent comme l'élargissement d'une section de la troisième partie de l'*Encyclopédie des sciences philosophiques*, à savoir « l'esprit objectif » dans la Philosophie de l'esprit [1]. Les *Principes* s'inscrivent donc dans le projet général de l'*Encyclopédie*, une œuvre que Hegel ne cesse de réécrire et de compléter dans la dernière partie de sa carrière. Toutefois cette œuvre, telle qu'elle apparaît aujourd'hui, comprend des textes de natures diverses, et qui sont caractérisés par des types d'écriture non moins variés. L'interprétation doit prendre en compte cette diversité, que nous présentons ici à grands traits.

L'Encyclopédie

L'*Encyclopédie* connaît trois éditions du vivant de Hegel : 1817, 1827 et 1830. Les modifications sont importantes entre les deux premières éditions, mais beaucoup plus ténues entre les deux suivantes. L'*Encyclopédie* se présente elle-même comme un abrégé devant servir de

---

1. La section consacrée à l'esprit objectif dans l'*Encyclopédie* comprend une cinquantaine de paragraphes ; les *Principes* en proposent 360.

support aux cours oraux dispensés par Hegel à Heidelberg puis à Berlin. Elle n'est donc pas destinée, normalement, à la lecture cursive. Elle se compose de trois grandes parties : la Science de la logique, la Philosophie de la nature et la Philosophie de l'esprit, elles-mêmes articulées en multiples sous-sections. La Logique, qui constitue donc la première partie de l'*Encyclopédie* (dite « Petite logique »), a fait l'objet, comme l'esprit objectif, d'une édition séparée, parue de 1812 à 1816 (dite « Grande logique ») – donc, comme on le constate, avant la première publication de l'*Encyclopédie*. De nombreuses sections de l'*Encyclopédie* ont en outre été éditées sous forme de *Leçons* (*Leçons* sur l'histoire, sur l'esthétique, sur l'histoire de la philosophie, etc.). Celles-ci, toutefois, sont posthumes et ont été rédigées par des disciples de Hegel, qui ont compilé les notes de ses auditeurs ainsi que certains fragments autographes.

Illustrons ce point par deux exemples. *a)* Les cours sur la philosophie de l'art (l'art étant un moment de l'esprit absolu), dans la philosophie de la pleine maturité, ont deux lieux chez Hegel : d'un côté, les § 556-563 de l'*Encyclopédie* de 1827-1830 (ou déjà les § 457-465 de l'*Encyclopédie* de 1817), de l'autre les *Cours d'esthétique*, édités par Gustav Heinrich Hotho de 1835 à 1838. En principe, le second texte ne veut être que le développement et l'approfondissement du premier. *b)* Les cours sur la philosophie de l'histoire (l'histoire étant un moment de l'esprit objectif) ont quant à eux trois lieux : d'abord les § 548-552 de l'*Encyclopédie* de 1827-1830 (ou déjà les § 449-453 de l'*Encyclopédie* de 1817), puis les § 341-360 des *Principes*, enfin les *Leçons sur la philosophie de l'histoire*, éditées une première fois par Eduard Gans en 1837 puis une deuxième fois par Karl Hegel, le fils du philosophe, en 1840.

D'un point de vue quantitatif, Hegel n'a finalement publié lui-même qu'une faible partie de son œuvre. L'histoire des éditions posthumes des leçons est complexe et fait le bonheur des philologues, car la question de la méthode et des matériaux de ces éditions se pose inévitablement. Quelle est la fiabilité primaire des notes des auditeurs de Hegel ; quand les textes laissés par les auditeurs divergent, lequel privilégier ; sachant que les cours de Hegel sont largement improvisés et d'un style souvent inélégant, a-t-on le droit d'en améliorer la forme… ? La multiplicité des réponses possibles à ce type de question explique l'abondance des éditions allemandes des cours de Hegel – chacune pouvant donner lieu à une ou plusieurs traductions françaises… Il est de bon ton de condamner les premières éditions posthumes, en arguant que leurs rédacteurs n'avaient pas les exigences critiques qui sont aujourd'hui les nôtres. Mais il y a là une certaine injustice. Quoique certaines éditions prennent des libertés avec la parole de Hegel – c'est le cas notamment de celle de Hotho –, le plus souvent, le travail des éditeurs posthumes constitue une approche globalement satisfaisante des cours, les éditions récentes venant plutôt les légitimer que les invalider.

Hegel, dans la période de Heidelberg et Berlin, a fait cours six fois sur la philosophie du droit : en 1817-1818, 1818-1819, 1819-1820, 1821-1822, 1822-1823 et 1824-1825. Sa mort, en novembre 1831, intervient alors qu'il a commencé un nouveau cycle de cours sur le même thème. De nombreuses notes d'auditeurs nous sont parvenues sur ces enseignements. Pour la leçon de 1817-1818, nous disposons d'un manuscrit de P. Wannenmann, transcrit par K.H. Ilting puis sous l'égide du Hegel-Archiv, et traduit en français par J.-P. Deranty. Le manuscrit Wannenmann est d'une grande importance, car il est le premier témoignage de la refonte, par Hegel, de sa conception du droit après les années d'Iéna. La leçon de 1818-1819 est connue par un manuscrit, relativement bref, de Homeyer, également édité par Ilting. La leçon de 1819-1820 est connue par un manuscrit anonyme, édité par D. Henrich (la qualité et la fiabilité de ce manuscrit étant cependant discutées) et par un manuscrit de Ringier, édité par le Hegel-Archiv. La leçon de 1822-1823 nous est transmise par un manuscrit de Hotho, et celle de 1824-1825 par un manuscrit de von Griesheim, l'un et l'autre édités par Ilting. Enfin, le début de la leçon de 1831-1832 est connu par un manuscrit de D.F. Strauss, également édité par Ilting. S'agissant de la leçon de 1821-1822, un manuscrit anonyme d'une leçon sur la philosophie du droit a été découvert à Kiel dans les années 1980, qui pourrait en être la transcription – quoiqu'il ne soit pas interdit non plus de voir en lui un témoin des leçons de 1822-1823 ou de 1824-1825. Il a été édité par H.G. Hoppe chez Meiner.

Paragraphes, remarques et additions

Dans les textes publiés par Hegel qui prennent la forme d'abrégés, à savoir l'*Encyclopédie* et les *Principes*, on distingue les « paragraphes » et les « remarques » qui accompagnent les paragraphes. Les contenus respectifs de ces deux types de textes sont distincts. D'un côté, les paragraphes présentent la chose même en sa genèse (c'est-à-dire, comme nous allons le voir, la vie de l'absolu). Ils n'expriment pas le point de vue de Hegel mais l'autorévélation de l'absolu dans l'élément du discours philosophique. D'un autre côté, les remarques font apparaître la vision propre de leur auteur. Il s'agit alors de discours engagés, par lesquels Hegel tend à se situer face à ses (nombreux) adversaires ou à ses (rares) alliés. Autant le ton des paragraphes est détaché – et, en un sens, dogmatique –, autant le ton des remarques est polémique – et, en un sens, exposé à la critique.

Les préfaces et introductions, qui sont nombreuses dans l'œuvre de Hegel, sont d'un statut proche des remarques. Hegel y intervient en son nom propre, proposant un panorama de tel ou tel moment de sa doctrine et justifiant sa méthode à l'encontre d'autres méthodes possibles. Au demeurant, il insiste régulièrement sur le caractère non scientifique des avant-propos[1]. Même s'ils sont souvent d'une grande richesse, leur caractère « assertorique » (ils présentent des thèses sur le mode de la conviction subjective) et non pas « systématique » (c'est-à-dire tel que la chose même s'y développerait par étapes et en vertu d'une exigence intérieure) les réduisent au rang de simples appendices du discours principal.

Nous trouvons enfin, dans certaines éditions de l'*Encyclopédie* et des *Principes*, une trace directe des cours, sous formes d'« additions ». S'agissant en effet, pour l'*Encyclopédie*, de la logique, de la nature, de l'esprit subjectif et, pour les *Principes*, de l'esprit objectif, les disciples de Hegel ont opté, non pour des éditions séparées de *Leçons*, mais pour des ajouts accompagnant chaque paragraphe. Les additions mélangent cependant ce qui, dans le texte publié par Hegel est distinct, à savoir le systématique et le polémique[2]. C'est Eduard Gans (1798-

1. Voir par exemple *PPD*, *W* 7, 28, trad. [2003] p. 108 (les éditions et traductions de références sont indiquées dans la bibliographie finale).
2. Certains commentateurs prétendent que le texte publié par Hegel serait ésotérique, et le texte des cours, exotérique. On oppose parfois aussi l'insincérité du premier à la franchise du second. Voilà un type de distinction qui n'a aucun sens, Hegel étant par principe hostile au discours

1839), l'un des principaux disciples et collaborateurs de Hegel, professeur de droit à l'Université de Berlin à partir de 1826, qui est l'auteur des additions des *Principes*. Il les a rédigées, principalement à partir des manuscrits Hotho et von Griesheim, pour la première édition posthume des *Principes*, parue en 1833 chez Duncker et Humblot à Berlin [1].

LE CONTEXTE POLITIQUE
DES *PRINCIPES DE LA PHILOSOPHIE DU DROIT*

Hegel publia les *Principes* à l'automne 1820 alors qu'il était professeur de philosophie à l'université royale de Berlin depuis deux ans [2]. Cette université avait été fondée en 1810 par Wilhelm von Humboldt et la chaire de philosophie occupée auparavant par Fichte. Précisons en quelques mots quelle était alors l'évolution récente de la Prusse.

La Prusse, comme on le sait, fit l'économie d'une révolution comparable à la Révolution française. Cela n'empêcha pas que, durant une partie du règne de Frédéric-Guillaume III, de 1807 à 1815, elle se réforma

crypté. À ses yeux, le discours véritablement philosophique se comprend par lui-même. Voir par exemple *PPD*, R. du § 319, *W* 7, 488, trad. [2003] p. 416 : L'« exposition [des sciences] ne consiste pas en l'art des tournures, de l'allusion, du demi-mot et du demi-mensonge, mais dans l'énonciation sans ambiguïté, déterminée et ouverte de la signification et du sens. »

1. Ces additions ne sont pas incluses dans la traduction de J.-Fr. Kervégan actuellement disponible. Pour les citer, nous recourons largement à la traduction Derathé-Frick. Dans la plupart des éditions allemandes des *Principes*, on trouve aussi les annotations portées par Hegel sur son exemplaire personnel.

2. L'ouvrage est daté, sur sa page de garde, de 1821. Mais la *Correspondance* montre que Hegel en envoie des exemplaires dès octobre 1820. La préface, que l'on peut considérer comme la partie du livre la plus tardivement écrite, est datée du 25 juin 1820.

spectaculairement. Certes, parce que cette ère de changement fut brève, et qu'au moment même où Hegel enseignait et rédigeait la version finale de sa philosophie politique, la Prusse était marquée par le raidissement et la mise en cause de l'inspiration modernisatrice antérieure, il est malaisé d'apprécier ce qu'implique, d'un point de vue politique, la valorisation par Hegel de l'État prussien. Toutefois, comme on va le voir, on a de bonnes raisons de juger qu'il admire la Prusse réformatrice plus que la Prusse réactionnaire.

De Frédéric II à la bataille d'Iéna

Rappelons pour mémoire que la Prusse connut une première phase de bouleversements politiques, quelques décennies auparavant, sous le règne de Frédéric II (1740-1786). Frédéric, le « roi philosophe »[1], fut l'incarnation du despote éclairé. Se comportant en souverain absolu, il enleva tout pouvoir à la noblesse et aux états provinciaux, contrôla le clergé, et fit des fonctionnaires non pas des « officiers » propriétaires de leurs charges comme en France, mais des serviteurs de la puissance publique[2]. En même temps, le roi théorisa le bien de l'État par distinction de son intérêt propre (il avait pour devise : « le roi est le premier serviteur de l'État ») et défendit une conception égalitariste du droit. Il travailla d'ailleurs à l'élaboration d'une codification générale du droit civil et pénal, qui verra le jour en 1794 : l'*allgemeines Landrecht*. Pour Hegel, « Frédéric II peut être désigné comme le gouvernant avec lequel une nouvelle époque fait son entrée dans la réalité effective » dans la mesure où il fit valoir le but de l'État,

---

1. Voir *Leçon* de 1822-1823 sur l'histoire, éd. p. 518, trad. p. 535.
2. Voir *PPD*, Add. du § 277, *W* 7, 442, trad. [1989] p. 288.

pensé à partir de lui-même, comme l'emportant sur tout intérêt particulier [1].

Le successeur de Frédéric II, Frédéric-Guillaume II (1746-1797), ne fut pas de la même étoffe. Il choqua ses sujets par sa vie dissolue et imposa une censure sévère sur les écrits philosophiques et religieux. Kant lui-même pâtit de cette répression intellectuelle. Frédéric-Guillaume II co-signa la déclaration de Pillnitz, en août 1791, et ses soldats firent partie des vaincus de la bataille de Valmy en septembre 1792. La paix entre la Prusse et la France fut rétablie par le traité de Bâle en juillet 1795, aux termes duquel la première cédait à la seconde la rive gauche du Rhin. Ce traité resta en vigueur jusqu'en 1806.

Frédéric-Guillaume III (1770-1840), enfin, monta sur le trône en 1797. Il était d'un caractère timoré, Talleyrand disant de lui qu'il ne savait « ni ce qu'il devait croire ni ce qu'il devait faire ». Face à la France révolutionnaire puis napoléonienne, il hésita entre le rapprochement, l'opposition et la neutralité. Finalement, il se convainquit que Napoléon ne voulait pas honorer les clauses secrètes du traité de Bâle et adhéra à la quatrième coalition contre la France, aux côtés de l'Angleterre, de la Saxe, de la Russie et de la Suède. Napoléon répondit à la formation de cette coalition par deux campagnes, l'une contre la Prusse, marquée par les batailles d'Iéna et d'Auerstaedt (8 et 14 octobre 1806), l'autre contre la Russie, marquée par les batailles d'Eylau et de Friedland (8 février et 14 juin 1807). La défaite prussienne fut entière, il n'y eut aucune résistance nationale, et Napoléon entra le 27 octobre 1806 à Berlin, tandis que Frédéric-Guillaume III se réfugiait à Königsberg. La paix fut signée avec la France

---

1. *LPH*, *W* 12, 523, trad. (mod.) p. 336.

à Tilsitt, en juillet 1807. La Prusse perdit presque la moitié de ses territoires, son armée fut réduite, et elle resta occupée jusqu'en 1808. Toutefois, elle demeura indépendante, de sorte qu'elle allait devenir l'asile des patriotes allemands et le symbole de la résistance à Napoléon.

Les réformes et le retour à une politique réactionnaire

Au lendemain de Tilsitt, deux partis se faisaient face en Prusse : celui de la résignation et celui du renouveau. L'épouse de Frédéric-Guillaume III, la reine Louise, devint l'âme du second parti, qui se proposait de mettre en œuvre des réformes « par le haut », qui auraient pour effet de donner à la Prusse la puissance qui lui avait manqué face à la France. L'idée était notamment d'imiter la France par une transformation sociale qui assurerait le patriotisme et l'ardeur guerrière des citoyens dans le conflit à venir contre l'empire napoléonien[1]. Les ministres réformateurs, rarement d'origine prussienne au demeurant, furent principalement Stein, Hardenberg, Scharnhorst et Gneisenau. Citons également Altenstein, qui appela Hegel à Berlin.

La réforme sociale fut inaugurée par Stein en 1807 et complétée par Hardenberg en 1811. Elle mettait fin à un système de castes qui interdisait aux non-nobles de posséder la terre et aux nobles d'exercer les métiers propres à la bourgeoisie, qui attachait les paysans à la glèbe et les soumettait à la corvée. Par la « libération de la terre », les paysans, contre dédommagement du seigneur, pouvaient devenir propriétaires des terres qu'ils cultivaient. En même temps, la Prusse abolissait les privilèges féodaux, sécularisait

---

1. Voir J. Rovan, *Histoire de l'Allemagne des origines à nos jours*, Paris, Seuil, 1994, p. 451 *sq.*

les biens ecclésiastiques et proclamait, avec la fin du monopole des corporations, la liberté de l'industrie. Hegel, dans de nombreux textes, se félicite de l'abolition du servage et du libre accès des individus à la propriété[1].

La *réforme administrative* permettait au pays de se doter d'une organisation ministérielle efficace (le *Staatsministerium*. Le recrutement des fonctionnaires n'était plus arbitraire mais dépendant du niveau de formation des candidats, les compétiteurs nobles n'ayant plus de priorité sur les autres. Hegel souligne ce point pour s'en réjouir : « Tout citoyen peut accéder aux fonctions de l'État ; toutefois l'habileté et l'aptitude sont des conditions nécessaires. »[2] Une fonction publique compétente et peu corruptible pouvait commencer à se développer, convaincue de son rôle de garante du bien commun à l'encontre des intérêts particuliers – une conviction dont Hegel, lui-même fonctionnaire, est une parfaite illustration.

La *réforme militaire* avait pour but d'identifier la nation à son armée. Le service militaire fut rendu obligatoire, mais les châtiments corporels abolis (pour se faire une image du recrutement et de l'instruction dans les armées allemandes du XVIIIe siècle, il suffit de songer aux premières pages de *Candide*). La discipline était désormais fondée sur le patriotisme et l'honneur[3]. Comme on le sait, après la retraite des armées françaises de Russie, la Prusse

1. Voir par exemple *LPH*, *W* 12, 539, trad. p. 345. L'Add. du § 290 des *PPD*, *W* 7, 461, trad. [1989] p. 301, dénonce l'excessif pouvoir des corporations au Moyen Âge, mais critique aussi la France révolutionnaire pour les avoir abolies. Voir T. Pinkard, *Hegel, a Biography*, Cambridge, CUP, 2000, p. 420.

2. *LPH*, *W* 12, 539, trad. p. 346.

3. Cf. le § 324 des *PPD* sur le devoir qu'ont les individus de défendre l'indépendance et la souveraineté de l'État « par la mise en danger et le sacrifice de leur propriété et de leur vie » (*W* 7, 491, trad. [2003] p. 420).

orientale se souleva, et Frédéric-Guillaume III déclara la guerre à la France. L'État prussien fut victorieux à Leipzig en octobre 1813, tandis que son armée, dirigée par Blücher, joua un rôle décisif dans la campagne de France puis à Waterloo. Après la victoire, au Congrès de Vienne, la Prusse obtint pratiquement toute la Rhénanie et toute la Westphalie, ainsi que la partie nord de l'ancien Électorat de Saxe.

La réforme de l'enseignement, sous l'influence de Wilhelm von Humboldt et d'Altenstein, substitua, aux multiples institutions éducatives religieuses, municipales ou corporatives, un système unifié : écoles du peuple pour les enfants, gymnases pour les adolescents et universités pour les jeunes gens, dont l'accès serait conditionné par l'obtention de l'*Abitur*. L'enseignement primaire devenait obligatoire, tandis que l'université de Berlin fut fondée en 1810 et celle de Bonn en 1818. W. von Humboldt s'opposait à l'idéal utilitariste auparavant en vogue et proposait un enseignement humaniste basé sur l'étude des auteurs anciens. Outre Fichte, on rencontre parmi les premiers professeurs de l'université de Berlin l'historien Niebuhr, le juriste Savigny et le théologien Schleiermacher.

Par l'*édit d'émancipation* de mars 1812, les Juifs devinrent des citoyens à part entière. Hegel s'en fait l'écho. D'un point de vue formel, dit-il, on aurait pu s'opposer à l'octroi des droits civils aux Juifs, puisqu'ils doivent être regardés « comme appartenant à un peuple étranger ». Pour autant, les protestations qui se sont élevées lors de l'édit d'émancipation sont injustifiées parce que « les Juifs sont avant tout des hommes et que ce n'est pas là une qualité plate, abstraite ». Bien plus, cette qualité signifie que l'attribution de droits civils peut faire naître la fierté d'être reconnu comme personne dans la société civile, ce qui assure l'assimilation des façons de penser et de sentir. En définitive, « la séparation que l'on reproche aux Juifs se serait plutôt maintenue et aurait été à bon droit imputée et reprochée à l'État qui les exclurait ». C'est pourquoi, ici, « la manière d'agir des gouvernements s'est montrée [...] sage et digne » [1].

Il y eut aussi une tentative de *réforme politique*. En 1808, l'autonomie fut accordée aux villes. Stein mit également en place un conseil d'État, destiné à fonctionner comme une sorte de chambre haute et à empêcher le retour à l'Ancien régime. En outre, Stein et Hardenberg poussaient à l'établissement d'une « représentation nationale ». Le roi Frédéric-Guillaume III promit un tel parlement à trois reprises, en octobre 1810, en mai 1815 et derechef en janvier 1820. Mais le parti de la restauration, regroupé derrière le Kronprinz, s'opposa vivement à une telle mesure et, finalement, le roi se contenta de réorganiser les anciennes diètes provinciales en 1823 [2]. D'un point de vue constitutionnel, la Prusse resta donc en retrait de royaumes comme ceux de Bavière, de Bade et du Wurtemberg, qui s'étaient dotés en 1818-1819 d'assemblées ayant un rôle politique de premier plan. Néanmoins, dans les *Principes*, Hegel présente un parlement national, doué non seulement d'un pouvoir de conseil mais aussi d'un pouvoir de décision, et dont les députés disposent d'un mandat politique libre. On peut interpréter ce texte comme une prise de position dans le débat d'alors [3]. Toutefois, si l'on se souvient de

1. *PPD*, R. du § 270, note, *W* 7, 421, trad. [2003] p. 357.

2. Voir T. Nipperdey, *Deutsche Geschichte 1800-1866 : Bürgerwelt und starker Staat*, Münich, Beck, 1983, p. 331.

3. Voir G. Lübbe-Wolff, « Hegels Staatsrecht als Stellungnahme im ersten preußischen Verfassungskampf », *Zeitschrift für philosophische Forschung*, Bd. 35, 1981, p. 476-501.

l'affirmation selon laquelle la philosophie n'a pas à dire comment l'État doit être [1], on est conduit à admettre, bien plutôt, que Hegel, au moment de la rédaction des *Principes*, considère que la mise en place d'un tel parlement est une exigence essentielle de l'esprit moderne, et que cette exigence, de nos jours, s'accomplit d'elle-même dans les États de type germanique. Du point de vue hégélien, l'analyse du parlement dans les *Principes* serait donc moins un acte de militantisme qu'une caractérisation de l'esprit du temps.

Néanmoins Hardenberg perdit son influence et renonça progressivement à faire valoir ses convictions libérales, avant de mourir en 1822, de sorte que les premières années de Hegel à Berlin coïncidèrent avec l'arrêt des réformes et l'inauguration, par Frédéric-Guillaume III, d'une politique réactionnaire. Cette politique s'accéléra notamment à la suite de l'assassinat de l'écrivain anti-libéral Kotzebue par l'étudiant Karl Sand en mars 1819. En août 1819, par la convention secrète de Teplitz, la Prusse et l'Autriche s'accordèrent pour réprimer les mouvements patriotiques et démocratiques. En septembre, le roi publia les « décrets de Carlsbad » (aujourd'hui Karlovy Vary), qui établissaient le contrôle des universités et une censure rigoureuse.

L'assassinat de Kotzebue est en effet lié à l'agitation révolutionnaire des corporations étudiantes, les *Burschenschaften*. Celles-ci défendaient des revendications nationales et libérales, réclamant l'unification de l'Allemagne et la démocratisation du régime. La fête de la Wartbourg, près d'Eisenach en Thuringe, en octobre 1817, pour la célébration du trois-centième anniversaire des quatre-vingt-quinze thèses de Luther et du quatrième anniversaire de la bataille

---

1. Voir *PPD*, *W* 7, 26, trad. [2003] p. 25.

de Leipzig, est l'un des points culminants de cette agitation. Ce fut l'occasion d'une manifestation nationaliste au cours de laquelle les étudiants, avec quelques professeurs, rivalisèrent de discours passionnés. Hegel condamne l'événement dans la préface des *Principes*. On verra plus loin quels sont ses griefs précis, mais on peut d'ores et déjà noter, d'un côté, qu'il est légitimiste et globalement hostile à l'idée d'une opposition populaire au pouvoir en place, de l'autre, qu'il est favorable à la mise en cause du droit traditionnel s'il est injuste, à condition que ces réformes soient menées par le pouvoir lui-même. Il faut en effet compléter le texte sur la fête de la Wartbourg par l'article sur le conflit entre le roi Guillaume I er du Wurtemberg et son parlement, alors que le premier cherchait à mettre en place, contre la volonté du second, une constitution moderne [1]. Pour Hegel, le roi du Wurtemberg se montre réformateur et exprime l'esprit germanique des temps nouveaux, tandis que le parlement lui fait obstacle au nom d'intérêts particuliers et de traditions obsolètes. En définitive, aux yeux de Hegel, la vie politique doit être réfléchie et médiatisée par des principes généraux. Elle ne doit donc être fondée ni sur le « sentiment » ou « l'enthousiasme » comme le veulent les *Burschenschaften*, ni sur la défense des privilèges traditionnels comme le veulent les parlementaires de Wurtemberg.

Hegel approuve donc les réformes qui ont eu lieu et n'exclut pas qu'elles se poursuivent. Néanmoins, autant par tempérament que par réflexe idéologique et conviction philosophique, il se méfie de l'agitation populaire. Sur un

---

1. Voir l'« Analyse critique des trente-trois cahiers imprimés des Actes de l'assemblée des états du royaume du Wurtemberg en 1815 et 1816, *W* 4, 462 *sq.*, in *Écrits politiques*, p. 205 *sq.*

autre plan, on note l'absence chez lui de tout nationalisme au sens d'une exaltation agressive de l'Allemagne. Certes, pour lui, l'esprit germanique se situe au sommet du développement historique des peuples. Mais la notion d'esprit germanique a régulièrement une signification inclusive et non pas exclusive, en désignant par synecdoque l'ensemble du monde européen post-antique (pareillement, la valorisation de l'esprit allemand comme un tout, donc à l'encontre de l'esprit de clocher des principautés germaniques locales, a clairement un sens anti-particulariste). De plus, cet esprit germanique ne vaut pas par ce qu'il est « naturellement » mais par la culture qu'il se donne.

La Prusse dans la Confédération germanique

Quelle est, au début du XIXᵉ siècle, la situation extérieure de la Prusse ? Comme on le sait, le royaume de Prusse est partie intégrante du Saint-Empire romain germanique jusqu'à sa disparition en 1806. Le Saint-Empire est alors constitué d'une myriade de principautés sous l'autorité toute nominale d'un empereur élu, lequel est issu, depuis le XVᵉ siècle, de la Maison d'Autriche. À partir du XVIIIᵉ siècle, l'empire s'affaiblit progressivement, et, au début du XIXᵉ siècle, n'est plus qu'une coquille vide (on connaît l'affirmation désolée de Hegel dans les années 1800-1802 : « L'Allemagne n'est plus un État. » [1]). Napoléon consacre cet affaiblissement en abolissant le Saint-Empire en 1806 et en lui substituant la Confédération du Rhin (*Rheinbund*), qui opère la « médiatisation » – c'est-à-dire l'intégration – des principautés secondaires et de nombreuses villes jusqu'alors libres dans les quelques États qui demeurent.

---

1. Hegel, *La Constitution de l'Allemagne*, *W* 1, 461, dans *Écrits politiques*, trad. p. 31.

Au même moment, l'empereur François II dépose sa couronne pour n'être plus qu'empereur d'Autriche, sous le nom de François I er. Cependant la Prusse et l'Autriche refusent de prendre part à la Confédération du Rhin. En 1813, celle-ci s'effondre, mais est remplacée, lors du congrès de Vienne en 1815, par la Confédération germanique (*Deutscher Bund*) qui retrouve à peu de choses près les mêmes membres – en ajoutant toutefois l'empire d'Autriche et le royaume de Prusse – et dont la présidence est réservée, à titre héréditaire, à l'empereur d'Autriche.

La Confédération germanique a pour institution principale le *Bundestag*, à Francfort, assemblée des ambassadeurs des États membres sous la présidence de l'ambassadeur d'Autriche. La Confédération peut normalement conduire une guerre et organiser une politique commerciale et douanière commune. Dans les faits, tout repose sur l'accord entre la Prusse et l'Autriche. Hegel évoque l'organisation de l'Allemagne en quelques mots assez vagues : « Le mensonge [de l'existence] d'un empire a entièrement disparu. Celui-ci s'est décomposé en États souverains. [...] L'existence et la tranquillité des petits États sont plus ou moins garanties par les autres ; pour cette raison, ce ne sont pas des États vraiment indépendants et ils n'ont pas à subir l'épreuve du feu, de la guerre. »[1] Comme on le constate, ce propos n'insiste pas tant sur l'unité de la Confédération germanique que sur son morcellement. Du point de vue hégélien, cela signifie qu'elle ne peut être le dernier mot de l'histoire allemande. Néanmoins, Hegel ne réclame aucun changement dans l'organisation de l'Allemagne – ce qui est cohérent avec

---

1. *LPH*, *W* 12, 539, trad. (mod.) p. 345-346.

son refus constant d'immixtion des idéaux dans la réalité politique effective.

On a souvent considéré que l'ouvrage de 1820, et notamment sa section sur « le droit étatique interne », proposait une caractérisation de la Prusse au temps de Hegel. Une telle interprétation mérite d'être discutée. Au-delà du fait que le nom même de la Prusse n'apparaît pas dans la section considérée, il y a à cela une raison de principe. Car la philosophie, pour Hegel, a pour objet l'universel[1], de sorte qu'un objet particulier comme le régime prussien ne peut, en tant que tel, être thématisé par le discours spéculatif. Certes, ce discours peut prendre en charge un *système* d'objets particuliers. C'est ce qu'on observe, par exemple, dans la section consacrée à l'histoire du monde, qui examine « l'esprit du monde », forme universelle s'incarnant dans une série de peuples particuliers, parmi lesquels on trouve l'empire germanique, qui lui-même intègre la Prusse moderne. En revanche, le discours philosophique ne saurait examiner de manière exclusive la seule Prusse comme État particulier. C'est pourquoi il faut admettre que, pour Hegel, le « droit étatique interne » présente non pas le cas particulier de la Prusse mais la constitution de l'État en tant que telle.

Plus précisément, il s'agit d'une théorie de la constitution *moderne* (de même que la théorie de l'animal, dans la Philosophie de la nature, est en réalité une théorie des animaux supérieurs). Cette forme, aux yeux de Hegel, se retrouve – certes, en tendance et à grands traits – dans tous les États modernes et constitue le principe de leur vie

---

1. Voir *Enc.* I, § 7, *W* 8, 49, trad. p. 170-171.

politique intérieure. Il est à noter au demeurant, que, dans sa Philosophie de l'histoire, Hegel s'intéresse fort peu à l'époque la plus récente, et moins encore au sort spécifique de la Prusse. En réalité, pour lui, le « présent » désigne avant tout l'ère « chrétienne-germanique », qui succède à l'ère romaine. Il est même raisonnable de soutenir que l'époque de la réalisation de la fin de l'histoire n'est pas, pour Hegel, le présent immédiatement contemporain, mais l'ensemble de l'époque chrétienne-germanique. En effet, pour lui, l'essentiel est constitué de la généralité la plus haute, et, à mesure que l'on descend dans l'approfondissement de cette généralité, on a affaire à des déterminations de moins en moins significatives. Le régime prussien, par exemple, doit s'analyser d'abord à partir d'une considération de l'État de type germanique *en général*. Certes, ce type d'État se spécifie en État germanique *moderne*, et finalement en État germanique moderne de l'époque *post-révolutionnaire* (et, potentiellement, l'approfondissement se poursuit de manière indéfinie). Il demeure toutefois que ces dernières déterminations sont subordonnées à la première. Dans les *Principes*, Hegel ne propose pas tant une théorie de la Prusse contemporaine qu'une théorie générale du droit – et, pour l'essentiel, du droit moderne.

Comme nous le verrons plus loin, pour Hegel, la rationalité de l'État moderne tient à ce qu'il assure l'unité politique de tous les hommes (qui ont à se reconnaître dans des institutions communes) tout en leur permettant de faire valoir leur particularité (et notamment leur droit au bonheur individuel). Cette réconciliation de l'universel et du particulier tient au caractère « concrètement subjectif » de cet État, qui ne repose ni sur l'inclination « naturelle », ni sur la discipline, mais sur un vouloir libre. Toutefois, cette réconciliation n'est pas propre à l'État prussien du début du xixe siècle, car elle est obtenue dans l'État de type européen post-antique *en général* – même si, en chacun des approfondissements de ce type d'État, elle se rend plus effective. Pour cette raison, l'avènement du régime adéquat n'est à situer ni dans la situation la plus récente (par exemple dans l'Allemagne de Stein et Hardenberg) ni dans un régime encore à établir (qui, par définition, resterait inclus dans la sphère de l'État post-antique). C'est pourquoi, tout au moins dans son œuvre philosophique, Hegel se montre peu tourmenté de la réalité allemande contemporaine et de son évolution prochaine.

CHAPITRE II

LE DISCOURS SPÉCULATIF
ET LE DÉVELOPPEMENT DE L'IDÉE

LES CARACTÈRES PROPRES DU DISCOURS SPÉCULATIF

La connaissance du tout

Qu'est-ce que la connaissance philosophique pour Hegel ? En reprenant une tripartition qu'il propose réguliè-rement, on peut opposer la connaissance philosophique – ou « spéculative », c'est-à-dire philosophique au sens le plus authentique du terme – à la connaissance immédiate et à la connaissance d'entendement :

a) La connaissance immédiate considère la dimension la plus superficielle de l'expérience, par exemple ce qui relève de l'ici et du maintenant de l'observation. C'est une pensée qui ne coordonne pas son contenu mais se contente de passer d'un aspect de l'objet à l'autre. Certes, ce savoir n'est pas illusoire, mais il est insatisfaisant dans la mesure où il n'exprime que l'expérience singulière du sujet connaissant. Par exemple, les événements historiques en leur factualité ou les règles juridiques telles qu'elles sont données font l'objet d'une connaissance immédiate.

b) La connaissance d'entendement (ou réflexive) est quant à elle méthodique. Elle amène le sujet connaissant

à dépasser son expérience originaire pour s'ouvrir au monde
en général et chercher ce qu'il y a d'universel dans les
choses. Pour cette raison, elle peut être dite objective, au
sens où elle peut valoir pour une pluralité de sujets.
Néanmoins, elle souffre d'une double carence. *1)* Elle
repose sur une méthode extérieure à l'objet. L'ordre du
savoir n'exprime pas l'autodéveloppement de l'objet, mais
la manière dont le sujet organise sa connaissance. Or, du
point de vue hégélien, cette forme de la scientificité, produite
par un sujet « extérieur », est inévitablement particulière.
C'est pourquoi une connaissance d'entendement est,
contradictoirement, objective et subjective : elle vaut certes
pour une pluralité d'observateurs mais est dépourvue de
nécessité intérieure. En effet, la connaissance d'entendement
repose sur des choix qui, quand bien même ils sont motivés,
n'ont qu'une validité bornée. Par exemple, on peut chercher
à rendre compte du droit positif, non pas à partir de
l'exigence intérieure de justice – ce qui renverrait au point
de vue spéculatif –, mais à partir d'un enchaînement
extérieur de causes et d'effets. Ce type d'enquête n'a certes
rien d'erroné pour autant qu'on ne confonde pas, dit Hegel,
explication et légitimation. Toutefois l'examen, par
définition, ne peut porter que sur certaines normes, au sujet
desquelles il faut de même se contenter d'un nombre limité
de causes[1]. Ce savoir est donc essentiellement fini. *2)* Par
ailleurs, la connaissance d'entendement est aveugle à
l'unité de son thème d'étude. Même si elle relie ses différents
aspects, elle ne les assemble que sur le mode insatisfaisant
du mauvais infini, c'est-à-dire d'une série indéfinie de
liaisons finies. Par exemple, au lieu de voir en quoi les
divers moments du droit résultent de l'autodéveloppement

---

1. Voir *PPD*, R. du § 3, *W* 7, 35-36, trad. [2003] p. 113.

d'un même type d'esprit, à savoir l'esprit objectif, elle les considère comme des déterminations isolées et fixes, qui certes peuvent faire l'objet de comparaisons et entrer dans des classifications, mais ne se produisent pas de manière unitaire et vivante. La connaissance d'entendement reste donc dans l'ignorance de l'essence de son objet : « On aboutit, de façon générale, à mettre le relatif à la place de l'absolu, le phénomène extérieur à la place de la nature de la Chose. » [1]

c) La connaissance spéculative, en revanche, consiste à traiter son objet comme une totalité – et une totalité qui se développe par elle-même. Par exemple, dans le cas de l'État, elle reconnaît que les différentes composantes de la vie politique – chacun des pouvoirs institués, mais aussi la disposition d'esprit des citoyens, les coutumes, les lois, etc. – sont expressives d'un même principe intérieur, à savoir la volonté qu'a le peuple de former une unité organisée. Le lien unissant les divers aspects de l'expérience n'est plus produit par l'observateur « réfléchissant » mais se révèle dans l'expérience, à titre de principe d'auto-engendrement et d'auto-connaissance de la chose même. La subjectivité n'est plus extérieure, elle n'est plus dans le sujet connaissant, mais est intérieure à l'objet d'investigation. Dès lors, à la différence de la connaissance d'entendement, la philosophie n'examine pas une série d'objets disjoints mais un unique objet, un objet « universel » au sens où il unifie lui-même l'ensemble de ses aspects particuliers. Quel est cet objet ? Dans sa dimension la plus générale, Hegel le nomme l'absolu ou l'Idée. D'où, par exemple, cet énoncé qui ouvre l'introduction des *Principes* :

---

1. *PPD*, R. du § 3, *W* 7, 36-37, trad. [2003] p. 114.

« La science philosophique du droit a pour objet l'Idée du droit. »[1]

L'Idée est donc le tout qui rend compte des parties. Aux yeux de Hegel, ce qui est ne se comprend qu'à partir du principe qui gouverne l'ensemble dans lequel il s'intègre. Par exemple, de même que la position d'une planète répond à l'organisation du système solaire, ou que le travail d'un esclave dépend de l'interaction qu'il entretient avec son maître, la volonté d'un citoyen quelconque ne se comprend qu'à partir des lois de son État, et chaque proposition d'une doctrine philosophique procède d'une même conception d'ensemble de la vérité. Assurément, la nature du lien entre la partie et le principe de totalisation change à chaque moment. Rapport de causalité mécanique, obéissance contrainte, libre adhésion, expression pensante… : de multiples cas de figures sont envisageables. En outre, le principe de totalisation peut être extérieur (ainsi le soleil par rapport aux astres du système solaire) ou intérieur (ainsi les lois de l'État par rapport aux citoyens), et la totalisation complète (doctrine philosophique) ou incomplète (la relation du maître et de l'esclave). Il reste cependant

1. *PPD*, § 1, *W* 7, 29, trad. [2003] p. 109. On rencontre cependant ici une difficulté impliquée par l'usage hégélien des notions techniques, selon lequel leur signification est relative à leur contexte systématique. L'Idée désigne l'unité véritable du subjectif et de l'objectif. D'un côté, donc, par opposition aux pensées immédiate et réflexive, la philosophie est la science de l'Idée. De l'autre, cependant, si l'on considère un cycle quelconque de l'*Encyclopédie*, on peut dire que l'Idée n'en constitue que le moment d'achèvement. C'est ainsi par exemple que, dans la Doctrine du concept, « l'Idée » désigne la sphère qui succède à la subjectivité et à l'objectivité unilatérales et les réunit. Il n'est pas contradictoire, d'un point de vue hégélien, d'affirmer à la fois que la philosophie est de part en part science de l'Idée et que l'objet de la philosophie n'est Idée que dans l'achèvement de ses cycles systématiques. L'Idée vainc toujours une unilatéralité, la question étant simplement de savoir quel cycle systématique est alors considéré.

que, pour Hegel, rien n'est véritable, c'est-à-dire digne d'attention pour le philosophe, qui ne soit inscrit dans un ensemble à la fois organisé et autodéterminant.

Par ailleurs, l'Idée est essentiellement connaissable, puisqu'elle n'est rien d'autre que l'ensemble de ses parties considéré en sa dynamique unitaire. Elle n'est pas un principe occulte qu'on ne pourrait connaître qu'indirectement, par recoupement d'indices ou en suscitant des expériences qui la démasqueraient. Bien plutôt, elle s'investit totalement en chacune de ses parties et ainsi s'exprime adéquatement en elle. Par exemple, le principe d'une espèce animale quelconque est visible en chaque organe d'un membre de l'espèce considérée. Ou encore, le principe d'un État se donne à lire dans la disposition d'esprit et l'agir de chacun de ses citoyens, et chaque proposition d'une doctrine philosophique quelconque révèle quelle conception de la vérité est au fondement de cette doctrine. Bref, en opposition à la doctrine kantienne de la chose en soi, Hegel considère que l'Idée n'est pas cachée mais, bien plutôt, se révèle d'elle-même au cœur de l'expérience.

Enfin, l'Idée est vivante, elle est en progrès et tend à devenir véritablement (« effectivement », *wirklich*) ce qu'elle est. Une troisième thèse fondamentale de Hegel est en effet que ce qui est n'est pas d'emblée ce qu'il doit être mais se rend adéquat par son activité propre. L'Idée demeure une totalité inentamée en chaque étape de sa vie processuelle, mais elle n'accède à une identité véritablement satisfaisante qu'au terme de son développement. Hegel pense l'Idée à partir du modèle de l'organisme vivant, qui rend compte unitairement de l'ensemble de ses propriétés, conserve son identité en chacune de ses phases, et progresse spontanément vers un état de complet épanouissement. La tâche de la philosophie est alors d'étudier la vie de l'Idée dans la diversité de ses aspects et dans son unité fondamentale,

« elle a à assister au développement immanent propre de la Chose même »[1].

Parce que l'Idée intègre et unifie ses aspects particuliers, la philosophie qui la pense porte nécessairement sur l'expérience concrète. Il serait absurde, par exemple, de parler de « l'esprit grec » sans présenter les actes du peuple grec, ses œuvres politiques, esthétiques, religieuses, etc. Mais, inversement, la philosophie montre que l'expérience exprime un principe général intérieur, et établit, par exemple, que ce qui rend compte des œuvres du peuple grec, c'est son esprit, lequel est actif et transforme son monde propre. Comme on le voit, Hegel retient la leçon d'Aristote, pour qui il n'est de science que de l'universel. Et, d'une certaine manière comme Aristote, il considère que l'universel est immanent à l'expérience. Plus précisément, chez l'auteur des *Principes*, l'universel au sens fort du terme n'est pas un caractère qui serait commun à toutes choses, mais le principe actif qui assure l'unité d'une multiplicité, bref un principe de totalisation. Rien n'est qui ne soit incarné de manière particulière. Mais, à l'inverse, nulle chose particulière – pour autant, on le verra, qu'elle est « effective » et digne d'intérêt – n'est coupée d'un principe universel. Par exemple, la philosophie spéculative conçoit les actes relatifs à la propriété – acquisition, vente, etc. – comme une manière de réaliser l'aspiration à la liberté qui caractérise chaque homme (moment universel), même si elle note, en même temps, que toute acquisition ou toute vente a quelque chose de contingent et de lié à son contexte (moment particulier). Ou encore, elle appréhende le grand homme comme l'incarnation du vouloir de son peuple (moment universel), même si elle reconnaît qu'il est aussi habité par des passions égoïstes (moment particulier). Tout ce

1. *PPD*, § 2, *W* 7, 30, trad. [2003] p. 110.

qui est véritablement dans l'expérience est l'Idée en l'un de ses aspects particuliers – mais encore faut-il la reconnaître en lui. Pour le dire en une phrase : « Connaître la raison comme la rose dans la croix du présent et, partant, se réjouir de celle-ci, un tel discernement rationnel est la réconciliation avec l'effectivité. » [1]

L'universel et sa réalisation

L'Idée se particularise en logique, en nature et en esprit. Chacune de ces sphères se particularise à son tour, et ainsi de suite par strates successives, de sorte que nous avons toujours affaire à l'Idée. Toutefois la concrétisation de l'Idée n'est pas descendante comme dans les classifications naturelles. On ne part pas, chez Hegel, d'un être de raison (comme « animal ») ayant une extension maximale et une compréhension minimale pour arriver, par divisions successives et enrichissement concomitant du contenu, à des espèces de plus en plus proches de l'expérience (comme « mammifère » et « oiseau », puis « belette », « passereau », etc.). Bien plutôt nous avons affaire à des objets qui, d'un moment à l'autre du développement systématique, existent comme tels dans l'expérience. Observons par exemple l'ordre de l'esprit objectif : d'abord le droit abstrait, relatif aux actes d'appropriation et d'aliénation des biens extérieurs, puis la moralité comme activité du sujet agissant, enfin l'éthicité [2] comme développement des institutions. Certes,

---

1. *PPD*, Préface, *W* 7, 26-27, trad. [2003] p. 106.

2. Nous traduirons le terme *Sittlichkeit* indifféremment par *éthicité* et *vie éthique*. Il est toujours fâcheux, pour un traducteur, de créer un néologisme pour rendre un terme qui, dans la langue originale, relève du vocabulaire commun. Il est vrai que Hegel parle parfois de la *sittliches Leben*, littéralement la vie éthique. Mais y a-t-il une vraie différence entre cette dernière et la *Sittlichkeit* ?

l'ordre systématique mène du plus « abstrait » au plus
« concret », mais ceci au sens spécifiquement hégélien du
plus dépendant du donné extérieur au plus autodéterminant.
En chacun de ses niveaux, donc, l'Idée est particularisée
et possède une réalité empirique.

La remarque du § 1 des *Principes* déclare que la
philosophie a affaire à des Idées et non à de simples
concepts. En même temps, le texte affirme que « seul le
concept [...] a de l'effectivité, [et qu']il se la donne lui-
même ». Comment entendre ces formulations ? *a)* La notion
de concept est l'une des plus utilisées par Hegel. On pourrait
lui donner comme équivalent celle de principe, d'*archè*,
aussi bien comme commencement que comme
commandement. Il y a en effet deux usages principaux de
la notion : soit à titre de premier moment d'un cycle
quelconque, donc comme figure immédiate de ce cycle,
soit à titre d'âme immanente d'un tout constitué. Pour le
premier type d'usage, on peut dire, par exemple, que le
mariage est le concept de la famille [1] ou que le droit abstrait
est le concept de l'esprit objectif en général. Pour le second
type d'usage, on peut dire que la personnalité est le concept
du droit abstrait [2] ou que la disposition d'esprit civique est
le concept de l'État. Il y a une parenté entre ces deux
emplois de la notion : car le concept désigne dans l'un et
l'autre cas un point de départ qui, en lui-même, est
insuffisant et requiert une concrétisation pour accéder à la
complétude. De même que le premier moment d'un cycle
systématique n'en est encore qu'une réalisation partielle,
l'âme intérieure d'un tout ne suffit pas, à elle seule, à
constituer ce tout. C'est pourquoi la philosophie ne peut

---

1. Voir *PPD*, § 160, *W* 7, 309, trad. [2003] p. 260.
2. Voir *PPD*, § 36, *W* 7, 95, trad. [2003] p. 147.

considérer le seul concept des choses mais doit examiner leur réalisation concrète.

b) Toutefois, une décision capitale de la philosophie hégélienne consiste à poser que, dans la réalité effective, c'est à la réalisation du concept lui-même qu'on a affaire. Bref, que ce dernier, tout insatisfaisant qu'il soit, commande le développement concret qui lui fait suite. On saisira l'originalité de ce point de vue si on le compare avec celui de Nietzsche s'agissant, par exemple, de la moralité telle qu'elle est évoquée dans la *Généalogie de la morale*. Pour Nietzsche, le développement historique de la conscience morale a une provenance inavouable : le ressentiment, la haine de la vie, etc. Le déploiement historique de la moralité est donc opposé à sa provenance, et celui-là travestit celle-ci. Pour Hegel en revanche, même si le point de départ est inadéquat, néanmoins il est déjà la chose même. Certes, sa réalisation suppose qu'il se nie, c'est-à-dire qu'il renonce à son abstraction initiale. Toutefois, dans sa négation, la chose même se conserve. Ainsi : « Le concept et son existence (*Existenz*) sont deux côtés à la fois séparés et unis, comme le sont l'âme et le corps. [...] Une âme sans corps ne serait rien de vivant et l'inverse est également vrai. De même l'être-là (*Dasein*) du concept constitue son corps et celui-ci obéit à l'âme qui l'a produit. »[1] C'est pourquoi l'entreprise spéculative n'est pas une démystification. Bien plutôt, elle consiste à observer, et à enregistrer sur le mode du langage philosophique, la manière dont l'Idée se constitue et se révèle dans l'expérience.

On dit souvent que Hegel prétendrait déduire abstraitement ce dont il parle, à savoir les étapes du développement de l'Idée. En vérité, si l'on entend par « déduction »

---

1. *PPD*, Add. du § 1, *W* 7, 30, trad. [1989] (mod.) p. 61-62.

l'opération qui consiste à établir l'existence d'un objet sur
un mode *a priori* et sans recours à l'expérience directe ni
aux analyses fournies par les sciences communes, telle
n'est pas sa démarche. Pour lui, la philosophie n'a pas à
dériver abstraitement ses objets, comme le mathématicien
met en évidence certaines propriétés du triangle à partir
de la simple considération de sa définition. Bien plutôt, la
philosophie part de l'expérience particulière, qu'elle soit
immédiate ou médiatisée par le point de vue réflexif, et
présente son sens en établissant sa place dans le tout de
l'expérience. C'est pourquoi, par exemple, Hegel se réfère
explicitement au droit en vigueur pour élaborer sa théorie
du droit abstrait, aux ouvrages d'économie politique pour
construire sa théorie du « système des besoins » ou aux
historiens pour écrire sa philosophie de l'histoire. On peut
dire que la philosophie spéculative consiste à associer la
logique (moment unilatéralement abstrait) aux savoirs non
philosophiques de l'expérience (moment unilatéralement
concret) pour engendrer un savoir unifié de l'expérience
(moment absolument concret).

Cependant, si la philosophie a recours aux savoirs non
philosophiques, elle rompt pourtant avec eux pour produire
un savoir proprement spéculatif. De même, si elle part de
la réalité extérieure, elle transpose cette réalité dans le
discours philosophique. Ainsi, alors que la réalité extérieure
est par définition scindée (par exemple le prince et les
membres du gouvernement sont des individus distincts),
la philosophie pense l'unité essentielle des moments du
système (par exemple le concept de constitution politique).
Parce qu'elle a pour élément la pensée unifiante, la philosophie est essentiellement réconciliée avec elle-même.
Pour cette raison même, elle est plus « concrète » – c'est-
à-dire plus complète et plus autodéterminante – que la

réalité qu'elle pense. C'est à ce titre qu'elle constitue la fin essentielle de l'esprit.

La systématicité

La systématicité est l'expression de la scientificité. Hegel, sur ce point, se montre fidèle à une exigence de Kant, pour qui « une théorie s'appelle science dès lors qu'elle doit former un système, c'est-à-dire un tout de connaissance ordonné par des principes »[1]. Le fait est, cependant, que Kant ne respecte guère cette norme méthodologique qu'il énonce lui-même. Dès lors, la question de la forme de la philosophie est l'un des principaux motifs de la critique développée à son encontre par ses successeurs, qui dénoncent le caractère rhapsodique de ses traités, et donc la contradiction qui existe entre leur contenu (vrai) et leur forme (non scientifique). Les post-kantiens, quant à eux, ont pour préoccupation déclarée de trouver une forme discursive adéquate au contenu du savoir, de manière que la philosophie puisse cesser d'être un simple « amour du savoir », pour devenir un « savoir » effectif[2]. La philosophie, pour Hegel, ne peut se présenter comme un agrégat, c'est-à-dire comme une juxtaposition arbitraire de connaissances. Mais elle doit être organisée de telle sorte que chaque élément, à la fois unique et relié à tous les autres, soit fondé de l'intérieur par un principe général.

---

1. Kant, *Premiers principes métaphysiques de la science de la nature*, Ak. IV, 461 trad. F. Alquié (dir.), « Bibliothèque de la Pléiade », t. 2, Paris, Gallimard, 1980-1986, p. 364.

2. Voir *Phénoménologie*, *W* 3, 14. Il est remarquable que la notion de « philosophie » n'apparaisse pas dans le chapitre de la *Phénoménologie* sur le « savoir absolu », qui pourtant lui est précisément consacré. Dans le chapitre parallèle de l'*Encyclopédie*, Hegel revient à la notion de philosophie.

C'est notamment par la systématicité que la philosophie s'oppose à l'art et à la religion. La philosophie n'est telle qu'à la condition de ne dépendre ni du génie individuel ni d'une révélation divine mais repose sur la seule nécessité intérieure de l'objet étudié. Hegel lui-même ne se conçoit pas comme un « mage » ou un « voyant », mais seulement comme un philosophe parmi d'autres, tous disposant en droit de la même raison et donc du même accès à la vérité philosophique.

On ne saurait trop insister sur l'importance de l'idée de systématicité. Elle s'oppose à la *mathésis universalis*, c'est-à-dire au modèle mathématique de la connaissance développé par Descartes et ses successeurs. Pour Hegel, la philosophie, comme science au sens emphatique du terme, n'est indexée ni sur l'ordre ni sur la mesure. Elle n'est ni calculatrice au sens où elle tirerait abstraitement l'inconnu du connu, ni démonstrative au sens où elle rendrait indubitable ce qui ne serait originairement que problématique. D'un côté en effet, la philosophie ne nous apprend rien que nous ne connaissions déjà. Par exemple, la philosophie de l'histoire, de part en part référée au savoir des historiens, ne fournit aucun fait nouveau ni aucune prétendue « loi » inédite de l'histoire. De l'autre, les faits qu'elle examine sont d'emblée considérés comme certains. En revanche, en rapportant ces faits à leur principe, elle fait naître un savoir adéquat, à la fois fidèle au divers de l'expérience et tel qu'il rend compte de lui-même par lu-même, bref « absolu »[1]. Pour Hegel, seul le savoir

1. Dans la langue commune, « absolu » est souvent entendu comme qualifiant ce qui est au-delà de toute relativité. En raison du recours fréquent de Hegel au champ sémantique de l'absolu (« universel », « divin », « en et pour soi », etc.), on pourrait croire qu'il thématise un objet débordant les cadres de l'expérience commune. Mais il n'en est

philosophique est entièrement satisfaisant et seul il permet à l'esprit d'être vraiment en paix avec lui-même.

Depuis Kierkegaard, l'exigence de systématicité fait l'objet d'une critique constante. Il y a quelque chose de justifié dans cette dénonciation, mais elle recèle aussi une part d'aveuglement. Selon un premier grief, l'idéal de systématicité a le tort de postuler la capacité de la philosophie à prendre en charge tout ce qui est. On peut admettre une telle critique, car il n'est pas certain que l'ensemble de l'expérience humaine – pour ne parler que d'elle – soit soluble dans la pensée conceptuelle. Peut-être y a-t-il des éléments de la réalité auxquels la philosophie, compte tenu de sa posture propre, est vouée à rester étrangère ou qu'elle ne peut penser que de manière partielle et incertaine. Selon un second grief, la systématicité de la philosophie la vouerait à manquer ce qui est concrètement existant, individuel et libre. La philosophie bâtirait un château d'idées et, de ce fait même, se désintéressait de ce qui pourtant seul importe, à savoir les souffrances, les espoirs et les luttes des hommes. Or ce type de critique peut être discuté. En effet, la dénonciation de la systématicité comme universalisation abstraite, qui ferait du monde un royaume d'ombres mues par une nécessité d'airain, repose sur l'assimilation indue de la systématicité hégélienne au paradigme mathématique que pourtant elle récuse. Chez Hegel, comme on l'a dit, le modèle du devenir systématique est l'organisme vivant. Or non seulement ce dernier est un être réel et individuel, mais il est caractérisé par la spontanéité. L'objet de la philosophie n'est pas un ciel d'idées abstraites mais

---

rien. « Absolu », chez lui, signifie « qui se réconcilie parfaitement avec l'altérité ». Par conséquent, l'absolu ne saurait être séparé de l'expérience commune, ni de ce qu'il y a en elle de relatif.

l'« Idée », qui, comme logique, nature et esprit, existe sous la forme d'individualités concrètes.

Formulons autrement l'objection. La systématicité de la philosophie, dit-on, serait un lit de Procuste sur lequel la riche diversité du réel serait mutilée et réduite à un ensemble de catégories prédéfinies. Davantage, la valorisation hégélienne de la totalisation serait « totalitaire » au sens où elle tendrait à ramener toute altérité à une identité figée. Il y aurait donc lieu d'opposer systématicité et liberté, la première tendant à refouler la richesse multiforme et l'imprévisibilité de l'expérience. La systématicité, figure d'un rationalisme étriqué, reposerait sur le postulat de la « déductibilité » de toute chose et aboutirait à nier la capacité d'invention du sujet agissant. Là encore, ces reproches oublient que la systématicité selon Hegel prend la vie pour modèle, c'est-à-dire l'étant qui s'organise et se développe de lui-même. Que l'absolu soit systématique ne signifie ni qu'il soit inscrit dans un enchaînement inéluctable de causes et d'effets, ni qu'il se réduise à une seule ligne de faits ou à un seul type de réalité. Car, de même que le vivant est une réalité plurielle quoique unifiée, de même son devenir est spontané quoique déterminé par un principe. La systématicité de l'Idée ne signifie pas que le devenir serait calculable et anticipable, mais qu'il répond à un principe d'autodétermination. La notion de systématicité enveloppe la thèse selon laquelle la chose examinée n'est pas déterminée par une contrainte extérieure mais se pose à partir d'une exigence immanente et ainsi se légitime elle-même. De même qu'un vivant, dans son activité physiologique, se modifie tout en se conservant, de même qu'un État, dans sa vie politique intérieure, produit les lois qui lui permettent d'exister en tant que tel, la totalité systématique se caractérise pour Hegel par une vie autonome. La systématicité des choses en général, et la systématicité de la philosophie en particulier, ne signifient pas l'abandon à un formalisme aussi routinier que mortifère, mais un déploiement spontané et autofondé. Une pensée systématique est le contraire d'une pensée mécanique et impersonnelle, car elle est subjective et vivante.

LA PROCESSUALITÉ DIALECTIQUE

La notion d'*Aufhebung*

La notion d'*Aufhebung* est à bon droit considérée comme l'une des inventions les plus remarquables de l'hégélianisme. Pour l'élucider, prenons encore une fois l'exemple de l'organisme vivant : « En tant que l'être organique [...] s'extériorise dans son articulation particulière, qui ne contient pas des parties subsistantes-par-soi, mais seulement des moments dans la subjectivité vivante, de tels moments sont supprimés (*aufgehoben*), niés, et posés par la vitalité de l'organisme. »[1] Comment comprendre cet énoncé ? Selon Hegel, il y a lieu d'opposer les parties du corps en tant qu'elles sont indépendantes du tout vivant, bref les parties du corps à l'état de cadavre, et ces mêmes parties en tant qu'elles sont intégrées dans la subjectivité active de l'organisme et ainsi posées comme « membres » du corps. Dans le premier cas de figure, les parties ne forment qu'un agrégat. Le comportement de chacune d'entre elles répond, d'un côté, à ses tendances propres, de l'autre, à son environnement contingent, et son devenir est de type physico-chimique. Dans le second cas de figure, l'activité de chaque organe obéit à la loi du tout : le membre particulier se subordonne au bien commun et

1. *Enc.* II, Add. du § 356, *W* 9, 460, trad. p. 663.

est ainsi, à l'égard des autres membres, à la fois un moyen et une fin. Pour Hegel, l'essence du processus organique est précisément de métamorphoser l'activité des parties du corps, de manière à les mettre au service des intérêts de ce dernier comme tout.

On peut faire une analyse similaire, pour prendre un autre exemple, à propos du rapport entre la volonté « universelle » et la volonté « particulière » tel qu'il est thématisé dans l'introduction des *Principes* :

> En tant que désir, impulsion, la conscience de soi de la volonté est sensible. […] [En revanche] la volonté qui est en soi et pour soi a pour objet sien la volonté elle-même, donc elle-même dans sa volonté pure, – universalité qui est précisément ce qui suit : l'immédiateté de la naturalité et la particularité, dont la naturalité est entachée tout comme elle est produite par la réflexion, sont abrogées (*aufgehoben*) en elle [1].

La volonté particulière est multiple : elle est aspiration à une diversité indéfinie de biens exclusifs. Elle est en outre contingente au sens où elle est tributaire des circonstances : par exemple mon désir n'est pas le même selon que je suis à jeun ou rassasié, et peut varier selon les objets qui m'entourent. À l'opposé, la volonté universelle est simple, puisqu'elle n'est rien d'autre qu'une aspiration à la liberté. Elle est en outre autonome, car son universalité repose sur sa décision de déterminer elle-même son objet. Toutefois – et le point qui nous intéresse est là –, la volonté se rend universelle non pas en renonçant aux désirs concrets mais en désirant ce qui la libère, c'est-à-dire en mettant ses désirs particuliers au service de sa liberté comme bien total : « La liberté consiste à vouloir quelque chose de

1. *PPD*, R. du § 21, *W* 7, 72, trad. [2003] p. 133.

déterminé, sans cesser d'être chez soi dans cette déterminité et en revenant de nouveau à l'universel. »[1] Il n'y aurait pas de volonté universelle sans volontés particulières, mais celle-là se pose comme le principe de celles-ci, elle fait d'elles les moyens de son auto-affirmation. Ici encore, l'*Aufhebung* est une opération d'intégration des parties dans le tout – même si l'intégration n'est plus naturelle mais spirituelle. Comme on le constate, *aufheben* revient aussi bien à abroger (*hinwegräumen*) qu'à conserver (*aufbewahren*)[2] : car si, par l'*Aufhebung*, la chose même met fin à la « subsistance par soi » de l'altérité, elle fait aussi de cette dernière le matériau de son accomplissement. L'*Aufhebung* (qu'on peut traduire par la suppression, l'abrogation, la sursomption, la relève, etc.) est l'opération par laquelle un sujet se pose comme universel en unifiant l'objet multiple qui lui fait face et en s'unifiant avec lui.

Le progrès de l'Idée

Quel est alors le sens du progrès systématique ? Ce progrès est un processus d'auto-engendrement. Le devenir s'explique par une impulsion intérieure, et plus précisément par la tendance de l'Idée à s'universaliser, c'est-à-dire à passer successivement *a)* de son existence singulière, *b)* à une existence plurielle, et enfin *c)* à une existence telle que sa pluralité est unifiée de l'intérieur. À titre d'illustration, considérons le mouvement de l'histoire du monde. Selon la caractérisation bien connue de la *Raison dans l'histoire*, il s'agit du passage du peuple oriental, dans lequel un seul est libre (le despote), au peuple gréco-romain, dans lequel quelques-uns sont libres (les citoyens par opposition aux

1. *PPD*, Add. du § 7, *W* 7, 57, trad. [1989] (mod.) p. 77.
2. Voir *Enc.* I, Add. du § 96, *W* 8, 204, trad. p. 530.

esclaves, ou les patriciens par opposition aux plébéiens), et enfin au peuple germanique, dans lequel tout homme est libre (la volonté universelle des membres du peuple étant incarnée par le pouvoir politique). Initialement, le peuple se contente d'un vouloir capricieux et monopolisé par un seul individu. Puis il s'élève à une volonté « substantielle » (elle a pour objet le bien commun) partagée par plusieurs. Enfin, il accède à une volonté automédiatisée, donc légitime, et qui fait droit à celle de chacun de ses membres [1].

Le progrès de l'Idée peut également s'interpréter comme un changement de sa relation avec l'altérité. Initialement, la chose même n'a de rapport qu'avec une altérité formelle, qui ne lui oppose aucune résistance. Par exemple, si l'on considère le cycle de la vie éthique, dans la famille, autrui est un membre de la même famille, et l'unité avec lui est « naturelle ». Puis la chose même se rapporte à une altérité telle que la réconciliation avec elle ne peut jamais être véritable et ne repose que sur une série indéfinie de liaisons finies. Ainsi, dans la société civile, l'autre est un concurrent potentiel, avec lequel on peut certes coopérer, mais en une association qui ne peut être ni complète ni définitive. Enfin, l'Idée se rapporte à une altérité objective, mais qui obéit aux mêmes principes et avec lequel, par conséquent, elle se réconcilie parfaitement. Ainsi, dans l'État, l'autre est un concitoyen : la relation avec lui n'est certes pas de type familial ; néanmoins, en vertu d'un civisme partagé, chacun peut se reconnaître dans son concitoyen.

En définitive, le développement systématique a le sens du passage d'un état d'« immédiateté », où l'Idée est close sur elle-même, à un état d'objectivation ou de « réflexion

---

1. Voir *RH*, éd. p. 59, trad. p. 80.

dans l'autre », dans lequel elle est ouverte à une altérité véritable, puis à un état de réconciliation ou de « retour à soi », dans lequel elle se constitue comme un sujet qui se reconnaît pleinement dans sa différence. Le premier moment est celui de l'existence formelle, le deuxième celui de la substantialité, et le troisième celui de la subjectivité.

On peut également interpréter le devenir systématique en termes de progrès de la légitimité. Dans le premier moment, la chose même est simplement donnée. Elle est là, mais dépourvue de toute cause et de toute raison. Dans le deuxième moment, elle est médiatisée – mais médiatisée de manière extérieure et donc finie. Elle a certes une explication ou une justification. Mais l'élément médiatisant a lui-même besoin d'être médiatisé, de sorte que nous sommes au rouet d'une régression à l'infini. Dans le troisième moment, enfin, la chose se médiatise elle-même, si bien qu'elle s'assure une rationalité et une légitimité entières. Le progrès systématique conduit ainsi de l'existence seulement factuelle à l'existence autofondée.

CHAPITRE III

L'ESPRIT OBJECTIF

Comment comprendre le concept hégélien d'esprit ? L'esprit apparaît comme le sujet qui rend compte de lui-même et s'accomplit en opérant l'*Aufhebung* de l'objet réel auquel il se rapporte [1]. La notion d'esprit ne renvoie pas à une entité métaphysique ou théologique qui transcenderait l'expérience, mais à l'agent actif qui se donne à connaître au sein même de l'expérience. En outre, parce que l'esprit se définit par une exigence interne et l'activité de réalisation de cette exigence, il reste lui-même en dépit de l'incessant changement de son contenu. Ses moments sont unifiés par un principe commun, de sorte que Hegel est en droit de parler de « l'esprit » au singulier, quand bien même celui-ci n'existe qu'incarné en de multiples figures concrètes. On tentera ici de proposer une définition plus précise de l'esprit, puis de rendre compte de la place et de l'enjeu de l'esprit objectif, objet des *Principes*, dans la progression globale de l'esprit.

---

1. La logique opère certes l'*Aufhebung* de son objet – toutefois celui-ci n'est pas réel mais lui-même logique. Quant à l'étant naturel, il n'opère pas l'*Aufhebung* de son objet au sens fort du terme mais se contente de le nier sur un mode fini.

LA DÉFINITION DE L'ESPRIT

L'esprit comme sujet libre

Hegel présente l'esprit par contraste avec la nature, et définit l'esprit comme le sujet intérieur qui soumet l'extériorité : « Toutes les activités de l'esprit ne sont rien d'autre que divers modes de la reconduction de l'extérieur à l'intériorité qu'est l'esprit lui-même, et c'est seulement par cette reconduction, par cette idéalisation ou assimilation de l'extérieur, qu'il devient et qu'il est esprit. »[1] Pour l'auteur des *Principes*, un étant naturel consiste en parties mutuellement séparées, il tend vers l'unité mais n'y parvient jamais. Au contraire, un étant spirituel est caractérisé par une unité fondamentale, et ceci au sens où il a pour activité propre de s'unifier avec le donné multiple auquel il se rapporte. Puisque la liberté est à entendre comme le fait d'être « chez soi » dans son autre, l'esprit est essentiellement libre : « De même que la substance de la matière est la pesanteur, de même la liberté est la substance de l'esprit. »[2] Alors qu'un étant naturel est inévitablement dépendant d'un autre et incapable de rendre entièrement compte de lui-même de manière immanente, l'esprit a son principe en lui-même.

L'esprit ne se définit pas à partir de ce qu'il est, mais à partir de ce qu'il se fait être. Alors que, chez Descartes par exemple, la question « qu'est-ce donc que je suis (*quid igitur sum*) ? »[3] renvoie à une nature prédonnée, celle de la *res cogitans*, chez Hegel l'esprit se caractérise par une tâche qu'il a à accomplir lui-même. Comme le Moi selon

---

1. *Enc.* III, *W* 10, 21, Add. du § 381, trad. p. 388.
2. *RH*, éd. p. 55, trad. p. 75. Voir *PPD*, § 7, *W* 7, 54-55, trad. p. 123.
3. Descartes, *Méditation métaphysique* III, AT VII, 28 et AT IX, 22.

Fichte, l'esprit selon Hegel n'est pas autre chose que le résultat d'un travail d'auto-élaboration, lequel consiste à lutter contre tout ce qui s'oppose à sa liberté : l'esprit « est actif. L'activité est son essence. Il est son propre produit, il est son commencement et sa fin. Sa liberté n'est pas une existence immobile, mais une négation constante de tout ce qui conteste la liberté. » [1] L'esprit est auteur de lui-même, il n'est pas caractérisé par un repos paisible, mais, tout au contraire, il est « inquiet » (*unruhig*) et se conquiert lui-même. Certes, il est initialement donné à lui-même, mais son existence originaire est « non vraie », insatisfaisante, et l'esprit ne devient effectif que par le processus par lequel il nie ce donné initial : « Cela constitue précisément le travail infini de l'esprit que de s'arracher de son être-là immédiat. » [2] L'esprit doit abandonner sa simplicité naïve et se contredire lui-même pour se donner un contenu véritable.

L'esprit tend, d'un côté, à se rendre maître de l'objectivité extérieure, de l'autre, à se constituer comme un sujet intérieurement fondé. Pour le premier point, Hegel écrit que « la fin de l'esprit […] consiste à se produire, à faire de soi un objet, de telle sorte qu'il se possède comme être-là » [3]. Le moi doit sortir de sa pureté, qui est aussi une situation d'impuissance. Il a à prendre le risque de l'altération. Pour le second point, Hegel déclare que « l'activité [de l'esprit] consiste […] à faire retour à soi » [4]. L'esprit doit se rapporter à l'autre sur un mode universel.

1. *RH*, éd. p. 55, trad. p. 76.
2. *Leçons sur l'histoire de la philosophie*, Introduction, hrsg. von W. Jaeschke und P. Garniron, Hambourg, Meiner, 1984, p. 33-34, trad. G. Marmasse, Paris, Vrin, 2005, p. 46.
3. *PH* 1822-1823, éd. p. 45, trad. p. 145.
4. *Ibid.*, éd. p. 30, trad. p. 133.

Autrement dit, son rapport à l'altérité ne doit pas être de sujétion ni de domination mais de réconciliation. Ainsi, l'autre devient pour l'esprit un moyen de s'accomplir et d'accéder à une subjectivité de haut rang. Certes, l'esprit est de part en part sujet. Mais, dans chacun de ses processus, il est initialement réduit à lui-même et ne se rapporte alors à l'extérieur que comme à une borne. Son but, en revanche, est de se produire comme un esprit « en et pour soi », qui dépasse sa clôture initiale et entretient un rapport libre avec toute objectivité.

Le rapport de l'esprit au monde s'analyse fondamentalement en termes de savoir (activité théorique) et d'agir volontaire (activité pratique). L'activité de l'esprit est idéelle et non pas réelle, au sens où il ne tend pas à produire matériellement le monde mais à le connaître et à lui imposer des normes – bref à déterminer son sens. Par exemple, si l'on considère les pages de Hegel sur le travail, on constate qu'il l'interprète essentiellement comme la formation (*Formierung*) d'un donné matériel préexistant [1]. De même, il affirme ce travail répond moins à des besoins naturels qu'à des désirs proprement spirituels – à savoir se rendre libre en conférant au monde une forme spirituelle [2]. L'esprit ne se rapporte ni à son objet ni à lui-même sur le mode « réel » de la production mais sur le mode « idéel » de la connaissance et de la gouvernance [3].

Hegel reprend certaines des conceptions traditionnelles qui opposent l'homme et l'animal, en soulignant notamment

---

1. Voir *PPD*, § 196, *W* 7, 351, trad. [2003] p. 290.
2. Voir *PPD*, Add. du § 190, *W* 7, 348, trad. [1989] p. 221.
3. C'est pourquoi nous sommes en désaccord avec B. Bourgeois, pour qui l'esprit selon Hegel est essentiellement créateur. Voir par exemple la présentation de sa traduction de l'*Enc.* III, p. 39 *sq.*

la liberté du premier et le caractère dépendant du second[1]. En même temps, pour lui, la liberté de l'esprit ne tient pas à son libre arbitre (même si Hegel accorde que l'esprit est capable de choisir) mais à sa faculté d'opérer l'*Aufhebung* de tout donné et, ainsi, d'être chez soi dans son autre. Hegel admet et intègre à sa propre doctrine la conception cartésienne de la liberté comme pouvoir de choix et la conception spinoziste de la liberté comme caractérisant ce qui se détermine soi-même à exister et à agir. Mais il ajoute l'idée de la subjectivité : pour lui, être libre signifie être un sujet, c'est-à-dire s'unifier avec son autre sur le mode du savoir et du vouloir[2].

L'opposition de la nature et de l'esprit

La vie de l'esprit est donc l'opération par laquelle il prend en charge le donné immédiat – qu'il s'agisse du donné extérieur ou de lui-même comme sujet simple – et en fait le matériau de son auto-affirmation et de son auto-élévation au rang de totalité concrète[3]. Ce processus d'*Aufhebung* caractérise aussi bien chaque figure déterminée de l'esprit que les cycles systématiques auxquels elles prennent part. Considérons par exemple l'esprit éthique, à savoir le cycle famille-société civile-État. D'un côté, chaque moment est une incarnation de l'esprit au sens où chaque institution éthique transforme la volonté « donnée » de ses membres et ainsi se constitue en totalité vivante. D'un autre côté, la séquence famille-société civile-État

---

1. *PH* 1822-1823, éd. p. 29, trad. p. 132.
2. Voir *Enc.* I, § 23, *W* 8, 80, trad. p. 289.
3. Voir R. Pippin, « Hegel, Freedom, The Will » in *G.W.F Hegel. Grundlinien der Philosophie des Rechts*, hrsg von L. Siep, Berlin, Akademie Verlag, 1997, p. 39 *sq.*

constitue en elle-même un processus par lequel l'institution éthique opère la relève de son immédiateté (la famille) et de son extériorisation (la société civile). L'esprit se caractérise par une activité qui se marque à la fois dans chaque moment de l'esprit et dans le processus qui mène de l'un à l'autre.

L'évolution de l'esprit peut dès lors s'analyser comme l'*Aufhebung*, par l'esprit, de sa « naturalité ». La nature ou la naturalité, ici, ne désigne ici pas seulement le monde physique extérieur, mais également l'esprit « non vrai », non achevé, c'est-à-dire l'esprit en son point de départ ou en son moment intermédiaire. En un mot, la nature renvoie à ce à quoi il faut échapper, à ce qui n'est ni unifié ni concret :

> L'esprit doit être libéré [...] de la naturalité en général, de l'assujettissement lié à la nature intérieure et extérieure. Il lui faut être libéré en soi-même, il doit éprouver le besoin de se savoir libre, et ainsi d'être l'objet de sa conscience. [...] Alors, le matériau naturel est tel que ses traits ne sont que des outils de l'esprit qui est libre en soi-même. Le moment naturel doit être surmonté de manière à ne servir qu'à l'expression, qu'à la manifestation de l'esprit [1].

Comme on le constate, cette libération, d'un point de vue hégélien, ne peut consister en une mise à l'écart de l'autre. Bien plutôt, il s'agit, pour l'esprit, de se réconcilier avec la nature en faisant d'elle le matériau adéquat de son expression. La naturalité désigne à la fois une structure, à savoir l'immédiateté, et un thème, à savoir le sensible.

---

1. *Leçons sur la philosophie de la religion*, hrsg. von W. Jaeschke, Hambourg, Meiner, 1983-1995, t. 2, p. 528-529, trad. G. Marmasse, Paris, Vrin, 2010, p. 381.

Hegel tire parti de la double signification traditionnelle de la notion de nature, comme essence donnée et comme environnement extérieur. L'esprit doit se libérer, à la fois, de son essence donnée – au profit d'une essence qu'il construit lui-même –, et du monde « réel » qui lui fait originairement face – au profit de la connaissance du monde ou de la norme pratique qu'il lui impose. Comme on l'a dit plus haut, la destination de l'esprit est, à la fois, de s'objectiver et de s'universaliser. Par exemple, le progrès de la civilisation mène d'un État englouti dans le sensible (l'État oriental, dominé par l'intuition) à un État spirituel au sens emphatique du terme (l'État germanique, fondé sur des principes délibérés).

L'esprit comme universel concret

L'esprit en général, comme universel concret, n'existe pas en dehors des figures particulières en lesquelles il se réalise. Mais, dans chacune de ces figures, il demeure parfaitement spirituel dans la mesure où il prend librement en charge son contenu déterminé. On peut mettre une majuscule au terme d'esprit si on le souhaite, mais il ne s'agit, dans la théorie hégélienne, ni de l'Esprit-saint du christianisme, ni d'une entité métaphysique obscure. L'esprit est présent dans l'expérience la plus accessible, puisque nous sommes nous-mêmes l'esprit dans la diversité de nos appartenances et de nos activités.

Toutefois, pour Hegel, la capacité d'être un sujet spirituel n'est pas impartie à l'homme seulement. Ainsi, il considère que les figures représentées dans les œuvres d'art et les divinités vénérées dans les religions sont authentiquement spirituelles dans la mesure où elles s'unifient en elles-mêmes et unifient leurs mondes respectifs. Par exemple, une

Madone de Raphaël, en tant que figure peinte, entretient un rapport d'amour avec l'enfant Jésus qu'elle porte dans ses bras. De même, dans la religion égyptienne, Osiris est vénéré comme celui qui gouverne la crue et la décrue du Nil. Assurément, il ne s'agit dans l'un et l'autre cas que de « représentations ». Néanmoins, les étants représentés se manifestent bel et bien comme des sujets spirituels.

Pour prendre un autre exemple, une famille est, de même, caractérisée par une conscience et une volonté *sui generis* – étant entendu qu'il ne s'agit pas ici d'une conscience transcendante aux individus, qui les manipulerait de l'extérieur, mais d'un principe immanent en vertu duquel chaque individu pense et se comporte en membre de sa famille. L'« esprit de famille », si l'on ose dire, comme sentiment de chaque membre du groupe, ne peut se réduire à l'esprit subjectif individuel. Il ne s'explique pas par les individus, mais, tout à l'inverse, c'est lui qui motive la conduite des individus. On peut faire une analyse similaire à propos de l'État : la disposition d'esprit civique ne procède pas des citoyens mais, à l'opposé, rend compte de leur agir.

L'esprit existe-t-il en tant qu'universel ou en tant que particulier ? Par exemple, est-ce la famille en général ou les familles empiriques particulières qui sont premières ? D'un point de vue hégélien, certes, dans l'expérience, il n'y a que des individus. Mais ceux-ci incarnent – sur un mode à chaque fois propre – des exigences générales. L'universel, pour Hegel, n'est pas une construction de l'esprit connaissant, mais une détermination objective de l'expérience. Toutefois l'universel, ainsi que la manière dont il s'incarne, évoluent d'un moment à l'autre de chaque cycle systématique. Dans le premier moment du cycle, l'universel implique une relation « simple » à soi-même, et existe immédiatement dans la chose. Il est alors « indéterminé » au sens où il n'est rien d'autre qu'un principe qui se retrouve à l'identique d'un étant empirique à l'autre (qu'on songe, par exemple, à l'organisation de la famille, qui reste pareille à elle-même d'une famille à l'autre). Dans le deuxième moment, l'universel implique une relation d'opposition à l'extérieur et se présente, au sein de la chose considérée, sur le mode de la contrainte. Il est alors « réflexif » au sens où il constitue un principe d'association n'ayant de validité que locale et provisoire (qu'on songe aux lois – essentiellement répressives – qui régissent la société civile). Dans le troisième moment, enfin, l'universel implique une relation de réconciliation avec l'extérieur et existe dans la chose sur le mode de l'exigence intérieure. Il est alors « absolu » en tant que principe de totalisation (qu'on songe au pouvoir politique dans l'État).

Quelle est alors l'unité de l'esprit ? Elle est celle d'un acte d'unification. Certes, les individus spirituels, en leur réalité, sont distincts. Mais, en leur activité idéelle, ils s'élèvent à une conscience commune d'eux-mêmes et ainsi établissent leur unité. Par exemple les membres de l'État, dans l'obéissance aux lois, se constituent en concitoyens dotés d'une même volonté civique. L'unité de l'esprit est non pas réelle mais idéelle, elle n'est pas un point de départ.

L'ESPRIT OBJECTIF DANS L'ÉCONOMIE GÉNÉRALE DE LA PHILOSOPHIE DE L'ESPRIT

La question du passage

Comment passe-t-on alors d'une figure à l'autre ? Par exemple, quel est le principe du passage de la famille à la société civile, du monde romain au monde germanique, ou de l'art classique à l'art romantique ? Mais aussi, à l'intérieur d'une même sphère, comment passe-t-on d'un individu à l'autre ? On défendra l'hypothèse suivante. La transition est l'acte de l'esprit lui-même, et celui-ci, dans chacun de ses moments déterminés, n'est rien d'autre que l'activité par laquelle il se fait surgir en s'opposant à ce qu'il n'est pas. Par exemple, la société civile se fait exister en se dissociant d'elle-même, et, à ce titre, en s'opposant à la famille. De même, l'art romantique se fait exister en représentant la subjectivité pour elle-même, et en se distinguant ainsi de l'objectivité unilatérale de l'art classique. L'erreur, d'un point de vue hégélien, serait de tenter d'expliquer l'ultérieur par l'antérieur. Car c'est le contraire qui est vrai. L'ultérieur s'explique par lui-même, il est spontané, mais advient en s'opposant à ce qui le précède.

Toutefois, la figure ultérieure n'existe pas purement et simplement par son acte. Elle commence par exister « naturellement », c'est-à-dire factuellement. Et elle ne devient spirituelle « en et pour soi » qu'en s'opposant à cette existence immédiate. Si l'on considère par exemple le devenir historique, chacune de ses phases repose sur l'existence donnée, le *Dasein*, d'un certain peuple. Ainsi, la réalité initiale du peuple grec se réduit à sa simple présence, avec ses caractéristiques anthropologiques propres, en tel lieu et à telle époque. L'acte de l'esprit grec consiste alors, pour lui, à se développer, de manière à faire de son identité son œuvre. Plus généralement, le progrès historique de l'esprit du monde ne consiste pas, pour celui-ci, à créer ses figures. Mais il consiste en ce que chacune de ses figures, à partir son *Dasein*, se pose elle-même en et pour soi – à savoir en opérant l'*Aufhebung* de sa réalité initiale et de son moment antérieur. Ainsi, les Grecs accèdent à leur belle liberté en vainquant l'empire perse, qui les précède sur la scène mondiale, mais aussi en rompant avec leur existence purement héroïque, dans laquelle il n'y a pas de cité. C'est en ce sens que le progrès de l'Idée est son acte propre.

Les grandes étapes de l'évolution de l'esprit

Le premier stade du développement général de l'esprit est celui de l'esprit subjectif, au sens de l'esprit qui reste enfermé en lui-même. Il s'agit ici du rapport de l'âme et du corps (anthropologie), de la vie de la conscience (phénoménologie) et enfin de la pensée intérieure (psychologie). La sphère de l'esprit subjectif est celle du savoir et de l'agir de l'individu, pour autant qu'ils ne sont valables que pour lui et non pas encore pour autrui. Par exemple, si l'on considère la dialectique du maître et de l'esclave, dans le moment de la conscience de soi, on voit que la règle de l'action, alors, est imposée par le maître : nous sommes dans le règne de la force et non pas du droit. L'esprit subjectif est caractérisé par une validité théorique et pratique limitée au seul sujet singulier : ni la connaissance ni la règle de l'agir ne valent encore intersubjectivement.

La deuxième étape est celle de l'esprit objectif. L'esprit objectif désigne un savoir et un agir dont la légitimité est reconnue. Il est le moment du vouloir qui se réalise dans le monde – et ceci non seulement factuellement mais aussi à bon droit, car au nom d'un principe objectif de justification. Toutefois la volonté, dans le cycle de l'esprit objectif, se rapporte à un monde qui lui reste fondamentalement étranger. Nous sommes sortis de l'esprit subjectif clos sur lui-même, mais nous ne sommes pas encore entrés dans l'esprit absolu, moment de la réconciliation complète avec l'altérité. Ici, l'esprit se rapporte à un monde qu'il n'assujettit que partiellement. Par exemple, dans le droit abstrait, le propriétaire se rapporte à un bien inévitablement fragmentaire (nul n'est propriétaire de toutes choses…) et qui ne restera en sa possession que pour une durée limitée. De même, le prince se rapporte à un peuple qui, pour lui, est un autre : c'est pourquoi les deux moments sont séparables, en cas de mort du souverain, de prise du pouvoir par un autre prince, de révolte du peuple, etc. De manière générale, dans l'esprit objectif, les œuvres des hommes sont constamment menacées : par le crime, par les conséquences non voulues de leurs actes, par la misère économique, par la corruption des civilisations…

En troisième lieu, qu'entendre par le syntagme d'« esprit absolu » ? Désigne-t-il un étant qui serait extérieur à l'expérience commune ? En fait, l'esprit absolu n'est rien d'autre que l'esprit tel qu'il apparaît dans les œuvres d'art, les religions et les doctrines philosophiques. Il est donc une figure de l'intuition, de la représentation ou de la conception, et non pas une puissance « réelle » comparable, par exemple, au Dieu de Spinoza ou de Leibniz. Cependant cet objet de connaissance se constitue lui-même et, en tant qu'adéquat, est de plus haute teneur que la réalité extérieure. Chez Hegel en effet, l'idéel, s'il est fondé et concret, l'emporte sur le réel. De même que l'esprit en général, comme connaissance et action, est meilleur – plus riche en contenu et plus légitime – que la nature, de même l'esprit absolu, comme œuvre d'art, doctrine religieuse ou pensée philosophique, est supérieur à la transformation juridique, morale et politique du monde. À propos de l'œuvre d'art, Hegel insiste constamment sur la gaieté et la sérénité des œuvres belles – et ceci même quand il s'agit de sujets dramatiques. De même, dans la religion, l'esprit s'élève à la croyance en une réconciliation totale de lui-même et du monde. Enfin, la philosophie pense de manière autojustifiée et systématique le monde – alors que celui-ci n'est pas rationnel au sens le plus fort du terme. C'est pourquoi l'esprit absolu est le cycle terminal du parcours de l'esprit.

Le progrès de l'esprit objectif

Quels sont les enjeux et les étapes de l'esprit objectif, auquel sont consacrés les *Principes*?

a) Dans le *droit abstrait*, nous avons affaire au droit de propriété. Il ne s'agit pas encore de règles générales, valables pour une pluralité d'individus, mais seulement de droits possédés par des individus déterminés : qu'est-ce qui appartient valablement à Pierre, à Paul, etc.? En outre, ces droits n'ont rien de fondé en soi-même, ils ne sont que la reconnaissance publique de propriétés factuelles. Ainsi, voler constitue un délit non pas parce que le propriétaire « légal » aurait un droit *intrinsèque* à posséder son bien, ou parce que le bien en question devrait *par nature* appartenir à son propriétaire légal, mais simplement parce que, *de fait*, il est possédé par un propriétaire déterminé. Plus précisément :

1) Dans la « propriété », le droit du mien et du tien renvoie au rapport que l'individu entretient directement avec la chose extérieure. La validation est à ce titre immédiate. *2)* Dans le « contrat », le droit renvoie au rapport intersubjectif des individus. La validation est donc médiatisée par la volonté d'autrui – cependant une volonté qui est elle-même immédiate. Nous sommes dans le mauvais infini des contrats bilatéraux. *3)* Dans le moment du « crime » et du « châtiment », la propriété est validée par le châtiment, qui nie la négation délictueuse de la propriété. Conformément au droit abstrait en général, le châtiment *ne fonde pas* la propriété, qui reste un état de fait contingent. En revanche, il la consacre de manière officielle. La validité de la propriété, dans ce troisième moment, ne repose plus simplement sur un acte d'appropriation, ni sur l'accord avec autrui, mais sur l'affirmation publique du bon droit de chaque propriétaire.

b) Dans la *moralité*, nous avons affaire aux maximes individuelles de l'agir. Ces maximes sont subjectives, donc particulières, et chacune n'a alors de validité que selon un certain point de vue et peut être dénoncée à partir d'autres perspectives. Il reste que les normes morales expriment une individualité intérieure et portent sur le monde extérieur ou sur autrui : elles dépassent donc le caractère superficiel de la relation de propriété. Nous sommes dans le moment « réflexif » des *Principes*, celui de l'approfondissement de la subjectivité en elle-même, mais également de la séparation de la subjectivité et de l'objectivité. Le développement est le suivant :

1) Dans le « propos », la maxime relève de l'impulsion irréfléchie de l'individu. *2)* Dans « l'intention », elle ressortit à un projet de portée générale, mais qui reste centré sur le bonheur particulier du sujet agissant. *3)* Enfin, dans la « conscience morale », elle exprime le souci du bien-être général. Toutefois ce caractère vertueux ne signifie pas qu'elle perde son caractère subjectif et particulier.

c) Dans la *vie éthique*, nous avons affaire aux normes institutionnelles, qui imposent des devoirs aux individus mais tout autant leur reconnaissent des droits. Nous sommes dans le moment du « retour à soi », dans la mesure où la norme ne porte pas sur des biens extérieurs, ni sur le monde ou sur un autrui quelconque, mais sur les membres de l'institution eux-mêmes. Ces normes sont fondées au sens où elles reposent sur le vouloir du tout, c'est-à-dire sur le vouloir des individus non pas en tant qu'individus privés mais en tant que membres de l'institution en question. La validité n'est plus ni factuelle, ni particulière, mais universelle. Par exemple, la norme étatique vaut pour *tous* les membres de l'État. Nous sommes ici sur le terrain de la pleine légitimité. Les moments sont alors les suivants :

1) Dans la famille, la norme est immédiate au sens où elle procède du sentiment. *2)* Dans la société civile, elle provient du calcul égoïste. *3)* Dans l'État, elle repose sur la décision réfléchie de s'unifier avec autrui en obéissant à des principes généraux.

Précisons ce troisième point. *aa)* Dans le droit étatique interne, nous avons affaire aux institutions de l'État en tant qu'elles sont toujours déjà données et tendent simplement à se conserver. *bb)* Dans les relations internationales, il s'agit du droit associé aux relations interétatiques singulières (traités et droit des gens). *cc)* Dans l'histoire, il s'agit du droit qu'ont les peuples les uns à l'égard des autres – à savoir celui de dominer momentanément la scène mondiale. Ce droit est lié au caractère plus ou moins fondé du régime politique propre à chaque peuple (despotisme pour l'État oriental, démocratie pour l'État grec, aristocratie pour l'État romain et monarchie pour l'État germanique).

CHAPITRE IV

L'IDÉE DE LA PHILOSOPHIE
DANS LA PRÉFACE DES *PRINCIPES*

La préface des *Principes* est un texte de circonstances, qui toutefois s'appuie sur des considérations de portée générale. Après un exposé rapide des motivations de la présente publication (proposer un exposé sur l'esprit objectif plus ample que celui fourni par l'*Encyclopédie* et développer les remarques non spéculatives qui accompagnent les paragraphes), le texte entame une méditation sur l'essence de la philosophie. Cependant, cette réflexion n'a rien d'éthéré, car elle consiste en une vive polémique à l'encontre de ceux que Hegel perçoit comme des adversaires. La préface est un texte de combat, ou plutôt de résistance. Son auteur adopte la posture de l'homme lucide et attaqué par la foule des ignorants. Sûr de son bon droit, il entend défendre sa position pied à pied, à la fois par la raillerie et l'argumentation.

Le sérieux de la philosophie

La philosophie spéculative
comme unité de la logique et de l'expérience

La préface propose, dans sa première partie, une série de critiques à l'encontre des partisans d'une philosophie qui renoncerait à être véritablement scientifique, c'est-à-dire spéculative. On reconnaît, dans les types de philosophie visés, le couple, traditionnellement dénoncé par Hegel, de la pensée immédiate et de la pensée d'entendement (ou réflexive). Mais, comme on va le voir, cette dichotomie est ici présentée de manière originale. Contrairement à ce que croit l'opinion commune, dit Hegel, un ouvrage de philosophie ne peut être moins exigeant en matière de scientificité que les autres ouvrages savants. Reprenant une argumentation déjà esquissée dans la préface de la *Phénoménologie*[1], il se plaint de ce que l'on attend habituellement moins de rigueur de la part de la philosophie que de la part des autres sciences – une attitude qui revient, selon lui, à légitimer fâcheusement la philosophie la moins authentique. Ainsi, on croit pouvoir dispenser la pensée philosophique de présenter « les moments essentiels » de son contenu, c'est-à-dire son développement complet : et ceci sans doute parce qu'on n'exige d'elle, à tort, aucun achèvement, et qu'on s'imagine qu'elle pourrait, telle la tapisserie de Pénélope, consister en une série indéfinie de commencements.

Toutefois, si la philosophie ne saurait être moins exigeante que les autres disciplines théoriques et doit au contraire, comme les autres, faire de son intransigeance intellectuelle une pierre de touche de sa scientificité, elle

---

1. Voir *Phénoménologie*, *W* 3, 11-12, trad. p. 58.

a néanmoins une originalité méthodologique essentielle. Ignorer ce point a des conséquences désastreuses : c'est notamment la confusion relative aux méthodes respectives des sciences communes et de la philosophie qui est responsable du discrédit de cette dernière. La philosophie a en effet pour spécificité de ne pas adopter la forme habituelle des autres sciences, à savoir celle de la définition, de la classification et du syllogisme – bref la forme de la connaissance d'entendement. Comme on l'a vu au chapitre II, cette forme a pour défaut, aux yeux de Hegel, de ne pas exprimer l'automouvement de la chose même, et de renvoyer au seul point de vue subjectif du penseur. En d'autres termes, la pensée d'entendement pose comme axiome l'extériorité réciproque de la forme et du contenu de la science, elle fait de la première une méthodologie simplement subjective, une *ratio cognoscendi* qui serait distincte de la *ratio essendi* de la chose. En outre, puisque, dans ce type d'appréhension, la forme n'évolue pas, on aboutit à la répétition constante d'un même schéma : « On voit recuire toujours de nouveau le même vieux chou. »[1] (On songe ici à la dénonciation, dans la préface de la *Phénoménologie*, de la « répétition de la même formule » et du « formalisme unicolore »[2] de la pensée d'entendement.)

Hegel ne propose aucun exposé d'ensemble de la méthode spéculative. Elle est présentée, dit-il, dans la *Science de la logique* – au sens où ce dernier ouvrage met en évidence l'autodéveloppement de la pensée pure. Cela signifie-t-il, peut-on demander, que la connaissance détaillée de la *Science de la logique* serait requise pour lire les *Principes* ? Si telle était l'exigence de Hegel, elle serait

1. *PPD*, *W* 7, 13, trad. [2003] p. 93.
2. *Phénoménologie*, *W* 3, 21, trad. p. 67.

évidemment irréalisable! En fait, ce que la *Logique* met au jour, c'est seulement – si l'on ose dire – la validité de la forme spéculative. L'ouvrage montre que le vrai est vivant, en ce que, se développant par négation spontanée de ses formes déficientes, il rend compte de lui-même et se développe à partir d'un principe immanent. Ainsi, la *Logique* établit que le vrai est une totalité, en ce qu'il est constitué d'une série de moments à la fois distincts et organisés de l'intérieur par une règle universelle. En revanche, elle n'est requise ni pour comprendre le contenu des *Principes*, ni pour s'accorder avec les valeurs qui y sont défendues. Elle montre la validité du discours philosophique « pur », lequel constitue le noyau des *Principes* ; toutefois, elle n'est pas la condition de l'intelligibilité du texte de 1820.

À ceci, il y a une raison de fond. Comme la préface l'affirme avec force, aussi bien les objets étudiés que les thèses soutenues dans les *Principes* relèvent de l'évidence de l'expérience. Ainsi, la signification du droit de l'époque actuelle est « ouvertement démontrée et rendue familière dans les lois publiques, la morale publique et la religion » [1]. On pourrait dire par exemple que, d'un point de vue hégélien, pour comprendre ce qu'est un État moderne, il suffit de considérer la vie politique dans laquelle nous baignons : car celle-ci se révèle telle qu'elle est.

Pour Hegel, de même que la philosophie est en accord avec l'expérience, elle est en accord avec les convictions communes (même si ni l'une ni les autres ne sont la pierre de touche de la validité de la pensée, qui renvoie bien plutôt au caractère autodéterminant de cette dernière). Ce n'est donc pas aux jugements communs de « l'âme sans

---

1. *PPD*, *W* 7, 13-14, trad. [2003] p. 93.

parti pris » que la philosophie s'oppose, mais aux idéaux artificiels et aux doctrines sophistiques. Toutefois, pourrait-on objecter, l'accord invoqué de la philosophie avec les valeurs partagées ne s'apparente-t-il pas à une revendication de conformisme ? De fait, Hegel dénonce comme injuste la pensée qui « diverge de ce qui est universellement reconnu et en vigueur » [1]. D'un autre côté cependant, le même Hegel ne cesse de thématiser la légitimité de la transformation historique des institutions – allant, comme on le sait, jusqu'à reconnaître au grand homme le droit de renverser l'ordre légal. En outre, il juge qu'une des grandeurs de notre époque est qu'aujourd'hui, chacun veut être le libre juge de ce qui est bon et mal : « C'est une grande obstination, cette obstination qui fait honneur à l'homme, de ne rien vouloir reconnaître dans la disposition d'esprit qui ne soit justifié par la pensée, – et cette obstination est ce que l'époque récente a de propre. » [2] En quoi ces deux séries d'affirmations sont-elles compatibles ?

En réalité, la question n'est pas celle des opinions factuellement dominantes mais celle du vouloir essentiel du peuple. Ce vouloir exprime l'identité même du peuple et unifie ses œuvres. Il est à ce titre essentiellement vrai, puisque la vérité consiste dans l'unité intérieure d'un divers de phénomènes. Hegel ne fait pas du consensus omnium un critère de la vérité, ni ne défend l'idée d'une vérité « officielle », qui devrait s'imposer autoritairement. Bien plutôt, il soutient la thèse que le vouloir partagé du peuple est, à un certain moment de l'histoire, la plus haute vérité, de sorte qu'une représentation qui s'en écarterait ne pourrait

1. *PPD*, *W* 7, 14, trad. [2003] p. 94.
2. *PPD*, *W* 7, 27, trad. [2003] p. 107.

être qu'arbitraire. Le vrai – qui, en toute hypothèse, n'est tel que momentanément – n'est pas défini à partir de l'idéologie publique d'un peuple mais à partir de son savoir et de son vouloir essentiels. De ceux-ci, chaque membre du peuple est le rejeton, et nul ne peut s'en affranchir à son gré. Hegel n'invoque pas l'esprit du peuple à des fins de répression de l'indépendance intellectuelle, mais comme un principe destiné à s'épanouir dans la diversité vivante des représentations qui en sont issues.

Qu'ajoute alors la philosophie à ce vouloir partagé ? Elle ne se satisfait pas du donné, répond Hegel, mais veut l'appréhender à partir d'elle-même, au sens où elle veut se retrouver – retrouver sa raison – dans la multiplicité des phénomènes de l'expérience : « Le penser libre n'en reste pas au donné, qu'il soit appuyé par l'autorité positive, externe, de l'État, ou par le jugement concordant des hommes, ou par l'autorité du sentiment interne et du cœur et par le témoignage immédiatement consentant de l'esprit, il sort au contraire de soi et exige en cela même de se savoir uni de la façon la plus intime à la vérité. »[1] C'est en ce sens que la philosophie est démonstrative : non pas en ce qu'elle dériverait les phénomènes les uns des autres de manière purement abstraite, mais en ce qu'elle reconnaît dans le donné *a posteriori* (empirique) le déploiement d'une raison *a priori* (logique).

Par là, la philosophie montre que l'esprit constitue une totalité s'exprimant comme telle dans chacune de ses réalisations particulières. La philosophie n'a pas à établir, par exemple, ce qu'est la société civile, ni ce qu'est l'État, ni encore le fait que l'État est plus légitime que la société civile – car tout ceci relève de l'expérience. En revanche,

1. *PPD*, *W* 7, 14, trad. [2003] p. 94.

elle a à mettre en évidence le fait que ces institutions particulières relèvent du même esprit, qui se transforme de lui-même et, à ce titre, conserve son intégrité dans ses différentes figures.

Les formes déficientes de philosophie et de politique

Hegel dénonce alors ceux qui doutent de la possibilité d'atteindre la vérité, entendue comme l'unité intérieure de l'objet. On reconnaît dans sa cible la pensée « réflexive », une attitude qu'il ne cesse de prendre à parti et qui présuppose le caractère morcelé de l'objet et, corrélativement, un hiatus infranchissable entre le connaissant et le connu. Hegel invoque la nature comme analogue de l'esprit : on accorde volontiers que la philosophie doit connaître la nature telle qu'elle est, c'est-à-dire à partir de sa raison. Pourquoi n'admet-on pas, de la part de la philosophie, une même attitude à propos de l'esprit ? La position adverse – « l'athéisme du monde éthique » [1] – postule non seulement qu'il n'y aurait pas de science véritable de l'esprit mais, plus profondément, que le monde spirituel serait purement et simplement livré à la contingence et que ses phénomènes particuliers n'auraient aucune raison d'être. Certes, c'est là une position apparemment raisonnable et instruite par la divergence des opinions. Mais en réalité, elle n'est qu'un préjugé, lequel inévitablement se conforte lui-même, puisqu'un penseur qui renonce à la vérité ne risque pas de la trouver [2].

---

1. *PPD*, *W* 7, 15, trad. [2003] p. 95. Le monde éthique est ici pris comme synecdoque de l'esprit objectif. Comme souvent chez Hegel, le moment ultime sert à désigner l'ensemble de sa sphère d'appartenance.

2. Voir *PPD*, *W* 7, 14, trad. [2003] p. 94.

La préface s'en prend également au savoir immédiat, une figure de la philosophie pour laquelle, selon le diagnostic hégélien, « le vrai serait ce que chacun laisse jaillir de son cœur, de son âme et de son enthousiasme » [1]. Hegel reproche alors aux tenants de cette position leur arrogance et leur inculture. Le savoir immédiat invoque la piété mais ne montre, dit-il, qu'une plate dévotion. Cette manière de raisonner, *a parte objecti*, ne s'intéresse qu'aux phénomènes superficiels. *A parte subjecti*, elle repose non pas sur la pensée discursive mais sur l'instinct. Surtout, elle se signale par la haine de la loi, c'est-à-dire par la mise en cause de l'ordre juridique et politique existant. Hegel attaque alors nommément le philosophe Jakob Friedrich Fries [2] pour le discours qu'il fit à la fête de la Wartbourg, à l'occasion du troisième centenaire des quatre-vingt-quinze Thèses de Luther. Dans son discours, Fries prônait une réforme démocratique et romantique, le pouvoir politique devant reposer selon lui sur « l'esprit communautaire » présent dans le peuple. Quel est le sens des reproches que lui fait Hegel – lesquels, à dire vrai, ne peuvent que susciter le

1. *PPD*, *W* 7, 18, trad. [2003] p. 96. Comme on le constate, la critique, habituelle chez Hegel, du savoir immédiat et du savoir réflexif prend, dans la préface, un tour original. D'abord parce que l'ordre traditionnel est inversé, ensuite parce que le thème du savoir immédiat est pris en relais par celui de l'enthousiasme.

2. Jakob Friedrich Fries (1773-1843), fut d'abord professeur à Heidelberg (où Hegel lui succéda), puis à Iéna à partir de 1816. Il était libéral, nationaliste et partisan d'une union des États allemands. Ses idées politiques sont principalement présentées dans *De la confédération et de la constitution allemandes* (1816), dédiée à la jeunesse allemande. Il était par ailleurs un antisémite déclaré, et réclamait des Juifs le port de l'étoile jaune. Karl Ludwig Sand, le meurtrier de Kotzebue, compta parmi ses disciples. Fries défendait le principe du « pressentiment » (*Ahndung*), censé permettre d'échapper à l'alternative de la foi et du savoir. Pour lui, le sentiment est un principe d'action et la ferveur un principe politique.

malaise du lecteur contemporain, tant le propos incriminé semble en réalité compatible avec tout idéal démocratique ?

En fait, ce n'est pas tant la dimension révolutionnaire du discours prononcé par Fries qui choque Hegel (on sait que, pour lui, la Révolution française fut un « superbe lever de soleil »[1]), que l'idée selon laquelle le peuple pourrait exercer *directement* le pouvoir et se gouverner sur le mode de l'*enthousiasme*. Pour le premier point, Hegel considère que, si l'État doit exprimer la volonté « universelle » du peuple, néanmoins les instances dirigeantes doivent être distinctes de ce dernier et organisées de manière unitaire. Car l'État n'est effectif que si le *vulgus* est unifié et constitué en *populus* grâce à la médiation d'un pouvoir unique[2]. Pour le second point, Hegel tient que la volonté politique ne saurait être instinctive et doit se déterminer par étapes – lesquelles correspondent précisément à la division des pouvoirs dans la monarchie moderne. Pour l'auteur des *Principes*, le programme de Fries tend à la dissolution de la riche « articulation de l'élément-éthique en lui-même, […] laquelle, […] par la rigueur de l'équilibre dans lequel se tient chaque pilier, chaque arc et chaque contrefort, fait naître la force du tout de l'harmonie de ses maillons »[3]. Un pouvoir du peuple qui s'imposerait en tant que tel et ne reposerait que sur « le cœur, l'amitié et l'enthousiasme » ne peut conduire qu'au despotisme. On le voit notamment, dit Hegel, dans l'acrimonie à l'égard de la légalité que véhicule une telle politique du sentiment[4].

---

1. *LHP*, *W* 12, 529, trad. p. 340.
2. Voir *Enc.* III, R. du § 544, *W* 10, 341, trad. p. 322 et *PPD*, § 279, *W* 7, 444, trad. p. 376.
3. *PPD*, *W* 7, 19, trad. [2003] p. 97.
4. Voir *PPD*, *W* 7, 20, trad. [2003] p. 99. Il n'est pas impossible que Hegel songe ici à l'assassinat de Kotzebue.

Comme on le constate, Hegel fait grief à Fries de son
attitude « démagogique » – on dirait aujourd'hui
« populiste ». À l'opposé, lui-même défend la primauté
des institutions et le caractère médiatisé de la décision
politique.

LA RATIONALITÉ DE L'EFFECTIVITÉ

La dénonciation des utopies

La revendication du statut scientifique de la philosophie
implique aussi la dénonciation de toute philosophie qui
romprait avec la réalité et se contenterait d'être une
artificielle « sagesse d'école »[1]. Hegel se fait quant à lui
le champion de la prise au sérieux des principes immanents
de la réalité. Il met durement en cause les idéaux vides,
c'est-à-dire les aspirations qui, louables en elles-mêmes,
sont cependant incapables de s'incarner concrètement et
de transformer la réalité. On peut prendre comme exemple
l'exigence que tous les hommes aient suffisamment de
ressources pour pourvoir à leurs besoins : c'est là, dit le
philosophe, « un souhait certes bien intentionné mais qui,
comme l'est en général ce qui est simplement bien
intentionné, n'a rien d'objectif »[2]. Le vœu pieux est tel
qu'il ne s'appuie sur aucun principe réel, mais seulement
sur la réflexion subjective de celui qui le profère. D'un
côté, il se présente comme trop unilatéral, trop « simple »,
pour qu'aucune réalité ne puisse lui correspondre – car la
réalité est inévitablement complexe et pétrie de
contradictions. De l'autre, il est sans force et incapable de
produire de lui-même un changement de la réalité. L'idéal

1. *PPD*, *W* 7, 24, trad. [2003] p. 103.
2. *PPD*, R. du § 49, *W* 7, 114, trad. [2003] p. 159.

abstrait ne se traduit que par la condamnation impuissante de ce qui est.

Cela signifie-t-il, toutefois, que Hegel prône une acceptation pure et simple des normes en vigueur ? Comme on l'a rappelé plus haut, il suffit de lire sa théorie de l'histoire pour se convaincre du contraire. Par exemple, Hegel loue le progressisme de César, qui se met hors la loi pour remanier les institutions romaines, à l'encontre du légalisme de Cicéron et de Caton d'Utique[1]. Toutefois la *Raison dans l'histoire* oppose également le grand homme au simple aventurier. Alors que le premier fait évoluer l'histoire à partir des aspirations partagées de son peuple, donc de principes universels – ce qui le conduit au succès –, le second ne se fonde que sur des idéaux subjectifs – ce qui le conduit à l'échec[2]. On retiendra de ces divers cas de figures que la légitimité d'une norme se distingue de sa validité momentanée. Une loi peut être en vigueur et néanmoins morte, et une aspiration non encore réalisée peut être vivante et bouleverser à bon droit l'histoire.

La préface propose, à titre d'illustration de sa critique des idéaux vides, un exemple paradoxal et revendiqué comme tel, à savoir la *République* de Platon. Cet ouvrage, dit Hegel, n'a rien d'un modèle abstrait, dans la mesure où il constitue, bien plutôt, une caractérisation de la cité grecque à la fin de l'époque classique. Nous pouvons avoir l'illusion que la cité de la *République* est un simple programme. Mais Platon, en concevant un État sans propriété privée et qui réduit autant que possible l'initiative laissée aux citoyens, présente la cité grecque en lutte contre le principe de la liberté subjective qui la mènerait à la

1. *PH* 1822-1823, éd. p. 69-70, trad. p. 164-165.
2. Voir *Raison dans l'histoire*, éd. p. 97, trad. p. 99.

corruption. Or telle est bien l'actualité de la politique à l'époque de Platon, puisque le principe en question apparaît avec Socrate. La cité de la *République* est donc plus authentiquement grecque que les institutions et les mœurs athéniennes de la même époque. Platon, loin d'être un rêveur indifférent aux choses de ce monde, est le peintre lucide d'une cité qui cherche à échapper à son destin.

L'effectivité comme réalité investie par un principe immanent et efficace

Le refus par Hegel des programmes abstraits a pour corrélatif positif la définition de l'objet authentique de la philosophie : celle-ci « parce qu'elle est l'examen approfondi du rationnel, est par là même l'appréhension du présent et de l'effectivité, et non pas l'établissement d'un au-delà qui serait Dieu sait où »[1]. Cette analyse se double d'une formule solennelle : « Ce qui est rationnel, c'est cela qui est effectif; et ce qui est effectif, c'est cela qui est rationnel » (*Was vernünftig ist, das ist wirklich ; und was wirklich ist, das ist vernünftig*)[2].

Qu'entendre par cet énoncé ? Comme on le constate quand on replace la formule dans son contexte, elle ne revient pas à affirmer que « tout ce qui est réel est rationnel » mais à délimiter l'objet de la philosophie. Celle-ci doit se désintéresser tant du non-rationnel que du non-effectif, le rationnel et l'effectif se définissant par leur lien réciproque. « Rationnel », chez Hegel, qualifie ce qui opère l'*Aufhebung* de l'altérité et est ainsi chez soi dans son autre. Par

---

1. *PPD*, *W* 7, 24, trad. [2003] p. 103.
2. *PPD*, *W* 7, 24, trad. [2003] (mod.) p. 104. Pour cette traduction de la formule, voir la note de P. Osmo dans sa traduction de la *Vie de Hegel* de Rosenkranz, Paris, Gallimard, 2004, p. 513.

conséquent, un principe « pur », par définition extérieur à la réalité, ne peut être considéré comme rationnel : car seul ce qui s'inscrit dans l'effectivité est rationnel. Réciproquement, « effectif » qualifie la réalité en tant qu'elle est régie par une règle immanente. Dès lors, un aspect de la réalité qui ne se laisserait gouverner par aucun principe intérieur ne pourrait être considéré comme effectif : car seul ce qui se laisse rationaliser est effectif. L'idéal unilatéral (par exemple, si l'on suit Hegel, l'injonction : il faut que tous les hommes aient de quoi subvenir à leurs besoins), tombe évidemment sous le coup de la première restriction. Et le réel unilatéral corrélatif de cet idéal (par exemple une situation dans laquelle les agents économiques seraient incapables de s'organiser pour faire face à la misère), tombe sous le coup de la seconde restriction. Hegel ne nie l'existence ni des idéaux abstraits ni des situations de complet désordre, mais exclut les uns et les autres du champ de l'étude philosophique.

Cette position s'éclaire quand on songe à la distinction de la pensée immédiate, de la pensée réflexive et de la pensée spéculative. D'une certaine manière, l'objet de la connaissance immédiate, à savoir la réalité la plus super-ficielle, est étrangère à toute organisation logique, et à ce titre étrangère au domaine philosophique. De même, l'objet de la connaissance réflexive, à savoir, d'un côté, l'approche subjective du penseur, de l'autre, un monde qui ne peut être pris en charge par la connaissance que sur le mode du mauvais infini, sont, pour celle-là, incapable de s'incarner dans la réalité et, pour celui-ci, impossible à penser adéquatement. Seule l'Idée, objet de la connaissance spéculative, est à la fois parfaitement inscrite dans le réel et entièrement investie par la nécessité logique. La philo-sophie n'a pas à examiner tout ce qui est, mais seulement le tout de l'être – lequel, à la fois, est intérieurement nécessaire et entièrement réalisé dans l'extériorité, donc rationnel à proprement parler.

On peut encore, pour illustrer la formule citée ci-dessus, évoquer l'opposition, dans la Doctrine de l'essence, entre le phénomène (ou l'apparition, *die Erscheinung*) et l'effectivité – et ceci même s'il est probable que la notion d'effectivité telle qu'elle est utilisée dans la préface des *Principes* déborde la seule effectivité de la Doctrine de l'essence :

a) Le phénomène renvoie à un ensemble de processus mutuellement extérieurs. Sa carence, cependant, tient à ce que le principe intérieur, dans le « monde du phénomène », n'est pas capable de produire des effets de manière autonome. Le principe a besoin d'un tiers et/ou de circonstances favorables. Considérons l'exemple fourni dans l'addition du § 140 de l'*Encyclopédie*, à propos du couple intérieur-extérieur, à savoir le comportement de l'enfant. Quand on dit que l'enfant est rationnel « en soi », on ne considère pas que, de lui-même, il soit susceptible d'adopter un comportement adéquat. Bien plutôt, il ne se conduit correctement qu'en vertu de l'autorité qu'exercent sur lui ses parents et ses maîtres. Corrélativement, même alors, l'enfant n'est pas pleinement rationnel puisqu'il est hétéronome. Nous avons donc affaire ici à un rapport *extérieur* entre l'idéal et la réalité – lesquels sont de ce fait l'un et l'autre inadéquats.

b) À l'opposé, l'effectivité désigne un monde dans lequel le principe est immanent et efficace. Dans la réalité effective, l'instance médiatisante rend compte non seulement d'elle-même mais également de la pluralité de ses effets extérieurs. La chose agit d'elle-même, sans avoir besoin d'une sollicitation extérieure ni de conditions favorables, et, de ce fait, se révèle pleinement dans son activité. Comme en outre elle agit sur les phénomènes de l'intérieur, son action est complète et couronnée de succès. Pour prendre un exemple avancé par Hegel lui-même, la lumière est effective au sens où, face aux ténèbres, elle apparaît d'elle-même, chasse les ténèbres et se révèle telle qu'elle est.

La réalité effective telle que la pense Hegel comprend de multiples niveaux, de sorte qu'il y a en elle de la laideur, de la souffrance, de la violence et de la perversion. Elle diffère néanmoins de la réalité apparaissante en ce qu'elle est unifiée par un principe immanent. Ce qui distingue l'effectivité de l'ineffectivité (ou encore la rationalité de l'irrationalité) n'est pas que l'une serait parfaite et l'autre imparfaite, mais que l'une est une totalité et l'autre un ensemble de fragments disjoints.

En définitive, l'analyse de la philosophie proposée par Hegel signifie que celle-ci n'examine pas tout objet, mais seulement les objets dans lesquels s'exprime un « tout », à titre de raison d'être. La philosophie est une activité sélective, elle ne s'intéresse qu'au significatif. Son but n'est pas d'épuiser le détail de ce qui est, mais d'examiner le principe totalisant du réel. Hegel s'oppose à deux convictions : la thèse selon laquelle « le présent [serait] quelque chose de vain », et celle selon laquelle « l'Idée [ne serait] qu'une idée, qu'une représentation dans un acte d'opiner ». À l'opposé, il tient que la philosophie prend l'Idée au sérieux, comme principe se développant et s'exprimant dans le réel : « Il s'agit alors de connaître dans l'apparence de ce qui est temporel et passager, la substance qui est immanente et l'éternel qui est présent. » [1]

---

1. *PPD*, *W* 7, 25, trad. [2003] p. 104. Il est à noter que l'apparence, ici, ne désigne pas ce qui est illusoire mais simplement ce qui, pris en son unilatéralité, est infondé.

CONSÉQUENCES POUR LA PHILOSOPHIE DU DROIT

La philosophie n'a pas à être normative

Quelles sont les implications de ce qui précède pour la philosophie du droit? En premier lieu, la philosophie n'a rien de programmatique. En tant que philosophie du droit, elle examine certes des normes, mais des normes qui sont présentes dans l'expérience [1]. Hegel dénonce plaisamment les conseils que Platon adresse aux nourrices et ceux de Fichte sur le perfectionnement des passeports. Plus sérieusement, on peut songer aux recommandations politiques formulées dans le *Contrat social* de Rousseau ou dans le *Projet de paix perpétuelle* de Kant. Tout ceci ne peut qu'être rejeté par Hegel au nom du motif suivant : si les prescriptions en question sont absentes de l'expérience – soit à titre de normes en vigueur, soit à titre d'exigences prêtes à s'exprimer dans un changement historique –, cela signifie qu'elles sont sans force ni valeur.

Le « politicien d'estaminet » [2] se vante d'être plus sage que tous les autres. Mais la vraie sagesse, rétorque Hegel, est de concevoir ce qui est. Le songe-creux est comme l'athlète de la fable d'Ésope qui se flatte d'avoir fait un saut extraordinaire à Rhodes et auquel un auditeur goguenard lance : « Voici Rhodes : fais le saut. » Par association d'idées, Hegel écrit qu'exprimer des idéaux revient à

---

1. Éventuellement même, elle examine des prescriptions dont la réalisation adéquate est impossible, comme celles de la moralité. Mais dans ce dernier cas, comme on le verra, les prescriptions n'ont rien d'arbitraire et expriment un moment inévitable du développement de l'esprit. C'est pourquoi, d'ailleurs, on les rencontre à coup sûr dans la conscience morale moderne.

2. Voir *Enc.* I, Add. du § 143, trad. p. 576.

prétendre sauter hors de son temps, c'est-à-dire hors de son expérience possible [1].

On demandera cependant : Hegel est-il vraiment fidèle à son refus du normativisme, et n'y a-t-il, dans les *Principes*, ni souhaits, ni regrets, ni injonctions ? Il n'en est rien et, d'une certaine manière, l'énoncé selon lequel la philosophie ne doit contenir aucune prescription est contradictoire dans les termes. On fera toutefois deux remarques. En premier lieu, il faut distinguer le discours spéculatif des paragraphes et le discours réflexif des remarques et avant-propos. La revendication et la dénonciation sont tout à fait à leur place dans le deuxième type de texte. En second lieu, la philosophie ne cesse d'évaluer la rationalité de son objet, puisque précisément elle thématise son progrès. Mais alors ce n'est pas le sujet connaissant qui, de l'extérieur, juge la chose, mais cette dernière qui se juge elle-même. Le tribunal n'est pas celui de la critique extérieure, mais celui de l'autocritique opérée par la réalité effective [2].

La philosophie est-elle tributaire de l'histoire ?

Toutefois, la formule selon laquelle « chacun est de toute façon le fils de son temps » [3] ne revient pas seulement à condamner les idéaux arbitraires. Elle signifie également qu'il est impossible, pour un sujet, de connaître une forme de réalité qui serait extérieure à son expérience présente. C'est pourquoi, par exemple, il fut impossible à Platon et

1. Voir *PPD*, *W* 7, 26, trad. [2003] p. 106.
2. Sur la question de la théorie hégélienne des effets pratiques de la philosophie politique, voir E. Renault, « Connaître le présent. Trois approches d'un thème » in J.-Fr. Kervégan et G. Marmasse (dir.), *Hegel penseur du droit*, Paris, CNRS Éditions, 2004, p. 24 *sq.*
3. *PPD*, *W* 7, 26, trad. [2003] p. 106.

Aristote de désavouer l'esclavage [1]. La formule implique donc que la philosophie ne peut être vraie qu'en une ère qui est elle-même adéquate, bref qu'en une ère d'achèvement : « Elle n'apparaît dans le temps qu'après que l'effectivité a achevé son procès de culture et est venue à bout d'elle-même. » [2] Ce qui signifie qu'il n'y a de vraie philosophie qu'à l'époque post-antique.

Or cette conception présente au moins deux difficultés. En premier lieu, toute culture antérieure au monde chrétien-germanique serait-elle, pour Hegel, enfermée dans un système biaisé de représentations et incapable d'accéder à la réalité telle qu'elle est ? En second lieu, en quoi la dernière époque de l'histoire ne serait-elle pas, à son tour, marquée par un point de vue distordu ? On répondra que Hegel ne théorise nullement l'idée que, d'un côté, certaines époques seraient en proie à l'illusion, et que, de l'autre, l'ère post-antique permettrait seule un accès non déformé au réel. Car, pour lui, chaque époque exprime adéquatement ce qu'elle est. Les deux questions mentionnées précédemment reposent sur la thèse implicite que, pour Hegel, le vrai précéderait son explicitation. Mais tel n'est pas le cas. Par exemple, si Platon et Aristote ignorent que tout homme est libre, c'est parce que, à leur époque, l'esprit n'est pas encore parvenu au stade où tout homme serait destiné à la liberté. Donc, loin d'être dans l'illusion, ils sont les représentants lucides de l'esprit tel qu'il est en leur temps. La philosophie grecque, plutôt que d'être aveugle à une liberté de l'esprit qui en elle-même serait déjà acquise, ne

---

1. Voir *Enc.* III, R. du § 482, *W* 10, 31-32, trad. p. 279.
2. *PPD*, *W* 7, 28, trad. [2003] p. 107. Cette formulation, bien évidemment, n'implique pas l'impossibilité de toute philosophie pendant l'antiquité, mais simplement le fait que la philosophie, alors, ne peut être adéquate.

fait qu'exprimer un stade incomplet de la formation de l'esprit. De même, le privilège de la philosophie moderne ne tient pas à un supplément de perspicacité, mais seulement au fait que l'esprit, alors, est parvenu à son résultat ultime, à savoir à une entière autodétermination.

Autrement dit, si la philosophie du droit n'est adéquate qu'à l'époque post-antique, ce n'est pas en vertu d'un privilège de clairvoyance, mais parce que les normes ne sont adéquates qu'alors. C'est pourquoi, au demeurant, le traité de 1820 n'est pas tant un traité de philosophie du droit *en général* qu'un traité de philosophie du droit *dans le monde moderne*. Hegel n'est ni un penseur sceptique pour lequel toute culture se réduirait à un point de vue partiel sur une réalité en elle-même inconnaissable, ni un penseur relativiste pour lequel toutes les valeurs, dans leur déploiement historique, se vaudraient. Mais il théorise le caractère processuel, et donc historique, de l'avènement de la vérité théorique et de la légitimité pratique.

Philosophie et réconciliation

La préface s'achève en soulignant l'approbation que le réel reçoit de la part du philosophe. C'est là encore une manière de récuser les idéaux abstraits, qui condamnent non seulement la réalité présente, mais en outre toute réalité, puisque celle-ci est par définition multiple et en proie à la contingence. À l'opposé, par une imitation phonique implicite faisant intervenir le grec et le latin, Hegel transforme l'adage *hic rhodus, hic saltus* en *hic rosa, hic salta* (« voici Rhodes, c'est ici qu'il faut sauter », « voici la rose, danse ! », en grec, « rose » se disant *rhodon*). Par exemple s'agissant de l'État, la vraie philosophie libère non seulement du désespoir, mais aussi de ce sentiment mitigé qu'est la résignation. La philosophie reconnaît la raison dans le présent et s'en réjouit.

Faut-il tirer de ces énoncés que, pour Hegel, le mal ne serait qu'une illusion, et que la philosophie aurait pour tâche de déjouer une telle illusion ? Faisons ici quelques remarques rapides, qui serviront de conclusion au chapitre.

a) La question du mal est sans cesse présente dans les *Principes*. Précisément, les normes sont là pour prévenir l'injustice menaçante ou réparer l'injustice commise. En outre, dans la mesure même où l'esprit objectif est en progrès, il va, en chacun de ses processus, du pire au mieux. Donc, si le bien est le résultat de tout processus systématique, néanmoins il n'est qu'un résultat, ce qui signifie que les deux premiers moments du processus sont, d'une manière ou d'une autre, mauvais. Enfin, ajoutera-t-on, dans la sphère même de l'esprit objectif, il n'y a aucun bien absolu. Car cette sphère, comme on l'a dit, se caractérise par une scission irrémédiable : nulle propriété n'échappe au risque du vol, nulle action n'est immunisée contre des conséquences imprévues, nulle organisation éthique n'est immortelle, nul État n'échappe à la guerre, etc. Les *Principes* font le portrait d'une réalité constamment en butte à l'injustice et au malheur.

b) Néanmoins, la philosophie examine ces maux *sub specie totalitatis*, et plus précisément à partir de l'esprit. Or l'esprit, pour Hegel, est essentiellement libre, et le mal, quand il a lieu, ne vient pas d'un autre mais de l'esprit lui-même, de sorte qu'il est librement décidé. Pour cette raison, au cœur de la violence et de l'infortune, l'esprit reste lui-même et n'est pas réduit au rang d'un être naturel [1]. Il ne s'agit pas, pour Hegel, de nier la réalité du mal, mais de la relativiser en notant que la dimension essentielle de

---

1. *Voir Enc.* III, § 382, *W* 10, 26-27, trad. p. 392-393.

l'esprit, à savoir la liberté, ne disparaît pas. L'homme, notamment, ne perd jamais son humanité.

c) Enfin, comme on l'a dit, en dépit du mal rémanent, le développement systématique montre un progrès. Même si le bien ne règne pas de part en part, il s'établit tendanciellement. Que l'hégélianisme soit une philosophie optimiste est difficile à nier.

d) Toutefois, il est à noter que ce progrès n'est pas réel mais idéal. Il ne consiste pas à transformer le mal en bien, mais à produire un moment de rang supérieur (ou plutôt un troisième moment, succédant à deux moments unilatéraux opposés) au sein duquel ce qui était antérieurement mauvais est désormais le matériau de la réconciliation avec soi-même. Par exemple, la concurrence des égoïsmes propre à la société civile ne saurait être abolie, mais l'État advient, dans lequel les hommes se reconnaissent comme concitoyens. Le caractère seulement idéel de la réconciliation apporte une importante nuance à l'optimisme hégélien – sans cependant l'annuler.

e) En outre, la véritable réconciliation n'a pas lieu dans l'esprit objectif mais dans la philosophie qui le pense. Car si le monde du droit, associant des individus dont les intérêts sont divergents et qui restent à chaque instant tentés par le mal, demeure scindé, en revanche la philosophie est unifiée et autofondée. Quand, à la fin de la préface, Hegel parle de réconciliation il évoque surtout la réconciliation que procure l'*Aufhebung* du monde juridico-politique par la philosophie. Significativement, les derniers alinéas de la préface quittent le terrain du droit pour celui de la philosophie elle-même [1]. La réconciliation n'est pas dans la chose même, mais dans la pensée qui la prend en charge. C'est en ce sens que la philosophie est une théodicée : non

---

1. Voir *PPD*, *W* 7, 27, trad. [2003] p. 107.

pas en ce qu'elle établirait que le monde est entièrement satisfaisant mais en ce que, pensant adéquatement un monde insatisfaisant, elle satisfait ses propres exigences intellectuelles. Comme l'indique la position terminale de la philosophie dans le système, la fin suprême de l'esprit n'est pas le droit mais la connaissance philosophique.

CHAPITRE V

VOLONTÉ ET DROIT :
L'INTRODUCTION DES *PRINCIPES*

L'introduction des *Principes* propose une longue analyse du concept de volonté. Cette étude, que l'on pourrait croire périphérique, est bel et bien centrale, car Hegel définit le droit comme « l'être-là de la volonté libre »[1]. Or qu'implique cette caractérisation ? En premier lieu, l'« être-là » désigne chez Hegel l'existence donnée, présente dans l'expérience. Que le droit possède un être-là signifie qu'il apparaît extérieurement, qu'il ne se réduit pas à une exigence intérieure mais a aussi une réalité objective. Il constitue un monde – et plus précisément un monde produit par les hommes, une « seconde nature » – susceptible de s'imposer à ses auteurs sur un mode coercitif. En second lieu, la « volonté libre » se distingue de la volonté indéterminée et de la volonté arbitraire. Elle a une portée universelle au sens où elle aspire non pas à tel ou tel bien qui serait exclusif de tout autre, mais à ce bien général qu'est la liberté. Dans le cadre de l'esprit objectif, l'universalité de la volonté signifie en outre que celle-ci n'est pas la volonté d'un individu considéré seulement en lui-même, mais d'un individu comme membre d'une collectivité définie. Par

1. *Enc.* III, § 486, *W* 10, 304, trad. p. 282.

exemple, le droit de posséder personnellement un bien est imparti, dit Hegel, aux hommes de certaines époques (disons pour simplifier : de l'époque romaine et de l'époque post-antique). Ou encore, le droit d'être éduqué est celui de l'enfant comme membre d'une famille. Le droit est objectif parce qu'il exprime une volonté partagée par une pluralité d'individus[1]. C'est notamment pourquoi il apparaît sous la forme de coutumes et de lois[2].

Il faut noter, bien entendu, que la « volonté libre », comme assise du droit, ne définit pas le détail de la volonté de chacun mais seulement son principe. Au sein d'une même collectivité, tous les individus partagent un même vouloir fondamental : par exemple que soient reconnus le droit de propriété ou le droit de tout individu à définir lui-même la maxime de son action. En revanche, l'objet précis de ce vouloir – par exemple le *quid* possédé par chacun ou la maxime individuelle de l'action – est par définition extérieur à cette volonté commune. La « volonté libre » ne définit qu'un principe général, qui se particularise en fonction de choix individuels et de circonstances contingentes.

LES MOMENTS DE LA VOLONTÉ

Dans la remarque du paragraphe 4, la volonté est analysée pour elle-même, indépendamment de son articulation en moments distincts. Elle apparaît alors comme le pouvoir de suspendre toute inclination donnée puis d'opter pour telle ou telle fin, bref comme « le pouvoir de

1. Voir L. Siep, « Intersubjektivität, Recht und Staat in Hegels Grundlinien der Philosophie des Rechts », *in* D. Henrich and R. P. Horstmann (Hrsg.), *Hegels Philosophie des Rechts. Die Theorie der Rechtsformen und ihre Logik*, Stuttgart, 1982, p. 255 *sq.*

2. Voir *Enc.* III, § 485, *W* 10, 304, trad. p. 282.

poser par soi tout contenu au dedans de soi » [1]. On rencontre ici une opposition essentielle entre l'animal et l'homme. L'animal est toujours déjà habité par une impulsion déterminée (par exemple, chez l'herbivore, celle de se nourrir de végétaux). La particularité de son penchant lui est « naturelle », il ne se la donne pas de lui-même, de sorte qu'à la fois elle s'impose à lui et qu'il ne l'intègre pas véritablement. À l'opposé, l'homme est initialement volonté pure et ne confère un contenu à ses buts que dans un second temps et en vertu d'une décision propre : « Je peux me détacher de tout, renoncer à tous les buts, m'abstraire de tout. Seul, l'homme peut tout abandonner, même la vie : il peut se suicider. L'animal ne peut le faire ; il demeure toujours [...] lié à une détermination qui lui est étrangère, à laquelle il ne peut que s'habituer. » [2] L'homme, donc, est pleinement auteur de ses buts. Par conséquent ceux-ci sont véritablement siens et il est libre en eux.

a) Dans sa première phase, la volonté se caractérise par son absence de contenu. Nous n'avons pas affaire à un néant de volonté, mais à une volonté qui reste enfermée en elle-même et indifférente à tout choix défini. Le sujet, alors, ne valide aucune option mais n'en exclut aucune non plus. Il jouit, pour ainsi dire, de sa pureté. Or cette liberté d'indifférence [3] fait l'objet, de la part de Hegel, d'un commentaire sans mansuétude : « C'est la liberté du vide. » [4] On peut d'ailleurs la rapprocher d'autres figures de la

1. *PPD*, R. du § 4, *W* 7, 49, trad. [2003] p. 121.
2. *PPD*, Add. du § 5, *W* 7, 51, trad. [1989] p. 73. S'agissant du suicide toutefois, s'il est ontologiquement possible, il n'est pas, pour Hegel, juridiquement admissible – et ceci parce que l'homme n'est pas propriétaire de sa vie dans la mesure où celle-ci n'est pas, pour lui, une chose extérieure (voir l'Add. du § 70, *W* 7, 152, trad. [1989] p. 123).
3. Voir *PPD*, § 7, *W* 7, 54, trad. [2003] p. 123.
4. *PPD*, R. du § 5, *W* 7, 50, trad. [2003] p. 121.

vacuité, tout autant dénoncées, comme par exemple la
« belle âme », thématisée au chapitre vi de la *Phénoménologie
de l'esprit*, à laquelle manque la « force de l'aliénation, la
force de faire [d'elle-même] une chose et de supporter
l'être »[1]. L'addition du § 5 évoque l'ascète hindou qui
parvient, au prix de prodigieuses macérations, à ne plus
se concentrer que sur sa « simple identité à soi » et à ne
plus demeurer que « dans le lieu vide de son intériorité »[2].
Le texte mentionne également l'épisode historique de la
Terreur, qui se traduisit, dit-il, par la haine fanatique de
toute différence et de toute autorité. Mais l'important est
de noter que, d'un point de vue hégélien, le commencement
de la volonté, s'il n'est qu'un commencement, est néanmoins
un moment de plein droit de son processus. Tout est déjà
là – quoique sous une figure indéterminée.

b) Dans le deuxième moment, le sujet ne se contente
pas de vouloir en général mais aspire à un objet présent
dans le monde, que celui-ci soit à obtenir ou à produire.
Non seulement le sujet se rapporte alors à un autre que
lui-même, mais l'objet se présente comme déterminé et
exclusif de tout autre objet. Il s'agit donc d'une phase de
finitude. Il y a passage du premier au deuxième moment tout
simplement parce que la volonté abstraite est insatisfaite
d'elle-même et se décide à vouloir quelque chose[3].
Malheureusement, dans la mesure où elle ne nie que le
premier moment, celui de la complète abstraction, la volonté

1. *Phénoménologie*, *W.* 3, 483-484, trad. p. 547.
2. *PPD*, Add. du § 5, *W.* 7, 51, trad. [1989] p. 74.
3. Qu'on songe ici à l'éloge de la détermination dans le Concept
préliminaire de l'*Encyclopédie* : « Celui qui veut quelque chose de grand
doit [...] savoir se borner. Celui qui, par contre, veut tout, en fait ne veut
rien et n'aboutit à rien. » (Add. du § 80, *W* 8, 170, trad. p. 511)

ne peut encore être pleinement concrète, c'est-à-dire à la fois objective et unitaire. Elle reste donc unilatérale.

Les paragraphes 8 à 20 proposent un approfondissement de la volonté particulière. Celle-ci apparaît comme articulée en deux pôles : d'un côté, celui des penchants particuliers, liés à l'identité intérieure du sujet ou à l'influence extérieure qui s'exerce sur lui, de l'autre, celui du moi capable d'opter en faveur de tel ou tel penchant, et qui constitue le pôle du libre arbitre – ou plutôt de l'« arbitre », serf ou libre [1]. La décision est alors, objectivement, une opération de sélection du penchant à satisfaire, mais aussi, subjectivement, une opération d'individualisation, car, par la décision, la volonté se pose comme celle d'un individu déterminé.

L'objet voulu n'est pas nécessairement fixe, dans la mesure où la volonté peut passer d'un objet à l'autre. En outre, quand bien même une décision s'oppose à d'autres décisions possibles, le sujet n'en est pas prisonnier, puisqu'il peut toujours cesser de vouloir ce qu'il a un temps voulu. La volonté reste donc indépendante au cœur même de son choix. Voilà, dit Hegel, ce que ne peut comprendre l'entendement, au sens de la pensée qui sépare artificiellement les différents moments du développement systématique. Toutefois, quand bien même la volonté déterminée reste libre, son caractère exclusif, et l'absence de nécessité intérieure qui la caractérise, la mettent en porte-à-faux avec l'exigence d'infinité qui caractérise l'esprit : « Aucun de ces contenus n'est adéquat à la volonté, elle ne se possède véritablement elle-même dans aucun d'eux. L'arbitre implique cette conséquence que le contenu n'est pas déterminé par la nature de la volonté à être mien, mais

1. Voir *PPD*, § 15, *W* 7, 65-66, trad. [2003] p. 129.

seulement par hasard ; je suis donc dépendant à l'égard de ce contenu. » [1]

Le moment de la volonté particulière se caractérise dès lors par la contradiction des tendances, au sens où il faut sacrifier l'une pour satisfaire l'autre, et où la volonté ne cesse de changer de contenu. La contradiction s'exprime aussi dans une évaluation inéluctablement alternative des penchants. D'un côté, une inclination est bonne dans la mesure où elle est expressive de la volonté de l'homme. De l'autre, elle est mauvaise dans la mesure où elle ne procède que d'une volonté finie, qui n'a pas encore atteint son entière autonomie. Certes, la volonté particulière peut être civilisée et viser, plutôt que la satisfaction instantanée de ses penchants, leur réalisation dans une combinatoire optimale : la culture, en prenant à chaque fois en considération leurs inconvénients et leurs avantages respectifs, permet d'accéder à une certaine félicité. Toutefois, cette félicité reste inévitablement liée à des inclinations subjectives, d'où son caractère relatif et provisoire [2].

c) Le troisième moment, celui de l'entière auto-détermination, donc de la volonté « en et pour soi », est l'unité des deux premiers. La volonté est alors universelle, non pas en ce qu'elle serait indéterminée, mais en ce qu'elle forme un tout cohérent. Et elle est particulière en ce qu'elle se rapporte à un objet précis, mais non pas en ce qu'elle serait exclusive. En effet la volonté, dans sa troisième figure, veut quelque chose – à savoir elle-même, puisqu'elle aspire à la liberté. Le sujet n'exclut rien mais se donne pour but de se retrouver dans l'altérité :

> La volonté qui est en soi et pour soi est véritablement infinie, parce que son ob-jet est elle-même ; ainsi, celui-ci

1. *PPD*, Add. du § 15, *W* 7, 67, trad. [1989] p. 82.
2. Voir *PPD*, Add. du § 20, *W* 7, 71, trad. [1989] p. 84.

> n'est pour elle ni un autre ni une borne, au contraire :
> elle est plutôt, en lui, retournée seulement au-dedans de
> soi [1].
>
> Le troisième moment consiste dans la possibilité pour le
> moi de se retrouver auprès de soi-même dans sa limitation,
> dans cet autre, dans le fait de rester auprès de soi et de
> ne pas cesser de s'en tenir à l'universel, tout en se
> déterminant [2].

Cette volonté est « infinie » non pas au sens où elle dépasserait toute quantité donnée mais au sens où rien ne la borne puisqu'elle est chez soi dans tout contenu particulier. La volonté en et pour soi est « singularité » au sens emphatique du terme, en ce qu'elle est une individualité qui se produit elle-même et intègre l'autre comme un moyen lui permettant d'affirmer sa plénitude.

Ce troisième moment inclut les deux premiers : car il consiste dans l'opération par laquelle la subjectivité (premier moment) se tourne vers l'objet (deuxième moment) et se retrouve en lui (troisième moment à proprement parler). Cependant, dans cette opération, la volonté ne se sépare pas d'elle-même mais au contraire s'engendre : « Elle est l'autodétermination du moi qui consiste, tout en un, à se poser comme le négatif de soi-même, à savoir comme déterminé, borné, et à demeurer auprès de soi, c'est-à-dire dans son identité avec soi et son universalité, et, dans la détermination, à ne fusionner qu'avec soi-même. » [3]

On peut illustrer ce point à partir d'un exemple évoqué par une addition, à savoir l'amitié : quand je veux me comporter en ami, je renonce à faire d'autrui un objet de

---

1. *PPD*, § 22, *W* 7, 74, trad. [2003] p. 133-134.
2. *PPD*, Add. du § 7, *W* 7, 57 trad. [1989] p. 76-77. Voir le § 10, *W* 7, 60, trad. [2003] p. 125 : « C'est seulement en ayant soi-même pour ob-jet que la volonté est pour soi ce qu'elle est en soi. »
3. *PPD*, § 7, *W* 7, 54, trad. [2003] p. 123.

jouissance superficielle ou un serviteur, mais je décide de me rapporter à lui comme à un *alter ego* en lequel je me reconnais et qui, pour cette raison même, me permet de m'élever à une dimension universelle. C'est à ce titre que le rapport d'amitié est libérant : « À ce niveau, les sujets conscients de soi en relation l'un avec l'autre se sont, ainsi, par la suppression (*Aufhebung*) de leur singularité particulière inégale, élevés à la conscience de leur universalité réelle, de leur liberté qui appartient à tous. »[1] Comme on le voit, pour Hegel, la liberté de la volonté ne se réduit ni à la faculté de se rendre indifférent à l'égard de toute tendance (premier moment), ni à la faculté d'opter en faveur de telle ou telle d'entre elles (deuxième moment). Bien plutôt, la volonté ne se rend libre au sens emphatique du terme qu'en décidant de se réconcilier avec l'altérité.

LE DROIT COMME ÊTRE-LÀ DE LA VOLONTÉ LIBRE

Droits et devoirs

Le droit tel qu'il est traité dans les *Principes* consiste donc dans l'extériorisation de la volonté – une volonté qui cependant n'est pas individuelle mais universelle au sens où elle est partagée (et ceci quand bien même l'universalité en question reste finie, par contraste avec l'universalité de l'esprit absolu). Le droit ne repose donc ni sur l'ordre « naturel », c'est-à-dire originaire, des choses[2], ni sur un

---

1. *Enc.* III, Add. du § 436, *W* 10, 226, trad. p. 536.
2. Voir par exemple l'*Enc.* III, R. du § 433, *W* 10, 223, trad. p. 231, où, à propos du cas particulier des États, Hegel oppose la violence (inaugurale) comme « commencement dans le phénomène » et le droit (final) comme « principe substantiel ».

commandement divin[1], mais sur l'aspiration commune des hommes. On le constate par exemple dans cette annotation autographe du § 29 : « Je veux β) valide, γ) pourquoi valide ? universalité – liberté […] ; α) la volonté est seule le fondement de la validité. »[2] Le droit, pour Hegel, se comprend et se légitime à partir de la volonté de l'esprit de rendre sa liberté concrète.

Si l'attitude théorique – enjeu essentiel de « l'esprit subjectif » – consiste à ramener le donné de l'expérience à la « mienneté » en élaborant à son propos une connaissance qui soit en elle-même unifiée, l'attitude pratique en revanche – enjeu essentiel de « l'esprit objectif » – consiste à se tourner vers l'extérieur pour le transformer. Il ne s'agit plus de produire, face à un donné extérieur insuffisamment organisé, un savoir intérieur qui serait quant à lui cohérent, mais d'unifier l'extérieur lui-même. Toutefois cette transformation objective répond aux buts subjectifs que je me donne : « Les déterminations ont leur source en moi, les buts en vue desquels j'ai été poussé à agir m'appartiennent. »[3] L'esprit objectif est donc le moment où le sujet conquiert le monde extérieur, au sens où il imprime en lui la marque de son exigence intérieure d'unité : « L'activité de la volonté [consiste] à abroger (*aufheben*) la contradiction de la subjectivité et de l'objectivité et à transposer ses fins de cette détermination-là en celle-ci, et à demeurer en

1. Voir par exemple cette contestation du « droit divin » à propos du roi : *PPD*, Add. du § 281, *W* 7, 453, trad. [1989] p. 296 : « Si l'on veut saisir l'Idée du monarque, il ne suffit pas de dire que c'est Dieu qui établit les rois, car Dieu a tout fait, même le pire. »

2. *PPD*, *W* 7, 81. Voir aussi *Enc.* III, R. du § 502, *W* 10, 311, trad. p. 292 : « Le droit et toutes ses déterminations se fondent uniquement sur la libre personnalité. »

3. *PPD*, Add. du § 4, *W* 7, 47, trad. [1989] p. 72.

même temps auprès de soi dans l'objectivité. » [1] Comme
on le constate, la théorie hégélienne du droit hérite fondamentalement de la théorie fichtéenne de l'action, comme
opération par laquelle le Moi tend à s'infinitiser en déterminant le Non-Moi – le devoir exprimant l'exigence,
intérieure au Moi, de s'approprier le Non-Moi qui de prime
abord s'oppose à lui.

Chez Hegel, donc, l'esprit objectif est le développement
d'une volonté qui ne veut pas seulement ceci ou cela mais
veut être libre. Toutes ses déterminations ont pour racine
son aspiration à la liberté au sens où il s'agit, pour elle,
d'établir objectivement cette liberté dans le monde. Chacun
des moments de l'esprit objectif est dès lors une figure de
la prise de possession du réel extérieur – cependant une
prise de possession qui n'a pour fin ni la jouissance ni la
satisfaction de tel ou tel intérêt particulier, mais la formation
de l'esprit lui-même, c'est-à-dire encore sa libération :
« La destination absolue ou, si l'on veut, l'impulsion
absolue de l'esprit libre est que sa liberté lui soit ob-jet. » [2]

La volonté libre se donne alors une existence effective
en déterminant le monde à partir de permissions et d'obligations publiquement reconnues. Par exemple, le fait qu'un
individu possède tel bien n'est justement pas seulement
un fait mais aussi l'expression de son droit, en tant
qu'homme, à être propriétaire, ainsi que la source, pour
les autres, du devoir de respecter sa possession [3]. De même,
dans l'histoire, le passage d'un empire à l'autre ne renvoie
pas seulement à la substitution factuelle d'un peuple
dominant la scène mondiale à un autre, mais aussi à
l'avènement d'un nouveau principe de légitimité historique [4].

1. *PPD*, § 28, *W* 7, 79, trad. [2003] p. 137.
2. *PPD*, § 27, *W* 7, 79, trad. [2003] p. 137.
3. Voir *Enc.* III, R. du § 486, *W* 10, 304-305, trad. p. 283.
4. Voir *PPD*, § 347, *W* 7, 506, trad. [2003] p. 434.

Ou encore, le pouvoir qu'exerce le grand homme sur son peuple ne répond pas seulement à son charisme contingent, ni au hasard des circonstances, mais, plus profondément, au caractère justifié de son projet politique [1].

Toutefois, pourquoi l'inscription de la volonté dans l'effectivité produit-elle des droits et des devoirs ? On pourrait en effet imaginer que cette effectuation de la volonté n'engendre, justement, que des transformations factuelles du réel. Pourquoi l'esprit objectif ne se définit-il pas seulement comme un monde « produit » mais aussi comme un monde « à produire », dans lequel la liberté se manifeste comme une « nécessité » contraignante [2] ? En un mot, pourquoi l'esprit objectif a-t-il la forme insatisfaisante du devoir-être ? La réponse tient au caractère malaisé et provisoire de la réalisation de la volonté dans la sphère de l'esprit objectif : « L'esprit objectif est l'Idée absolue, mais qui est seulement en soi ; en tant qu'il est, par là, sur le terrain de la finité, sa rationalité effective conserve, en elle, le côté d'un apparaître extérieur. » [3] En effet, à la différence de ce qu'on observe dans l'esprit absolu, le succès de l'esprit est ici seulement relatif, « apparaissant » [4] – et ceci non pas au sens où il serait

1. Voir *PH* 1822-1823, éd. p. 69, trad. p. 164.
2. Voir *Enc.* III, § 385, *W* 10, 32, trad. p. 180.
3. *Enc.* III, § 483, *W* 10, 303, trad. p. 281. L'addition du § 385 exprime la même idée en disant que « le défaut de cette objectivité de l'esprit consiste en ce qu'elle n'est qu'une objectivité posée » (*W* 10, 34, trad. p. 399).
4. Comme on le constate à chaque instant, les notions structurales sont à comprendre à partir de leur usage contextuel. D'un point de vue hégélien, il n'est pas contradictoire de dire que la philosophie du droit a pour objet l'Idée du droit, donc le droit en son effectivité adéquate, et en même temps de dire qu'à l'échelle du développement général de l'esprit, l'esprit objectif n'est encore qu'un moment contradictoire, seulement « apparaissant » de l'esprit.

illusoire mais au sens où la volonté ne se réalise que de manière fragile et morcelée. Dans l'esprit objectif, la volonté ne s'incarne que tendanciellement dans le monde, et l'opposition entre le devoir-être et l'être ne peut être entièrement surmontée. Alors que, dans la sphère de l'esprit absolu, rien n'est exigé qui ne soit par là-même réalisé, dans l'esprit objectif l'accomplissement de la volonté est laborieux et menacé. La déhiscence entre la volonté et son effectivité – le fait que l'individu puisse manquer à son devoir, et qu'il soit nécessaire de protéger ses exigences légitimes face à une violence toujours possible – s'exprime justement dans le caractère coercitif du devoir et le caractère revendiqué du droit. Il n'y a ni droit ni devoir dans l'esprit subjectif et l'esprit absolu parce que le premier est incapable d'objectivité et que le dernier est toujours déjà accompli. La sphère de l'esprit objectif est en revanche celle de l'entre-deux.

Cette ambiguïté est bien exprimée par le concept de « seconde nature » appliqué à l'esprit objectif[1] : car la nature, comme on l'a dit, est connotée très péjorativement chez Hegel et désigne de manière générale la contradiction non résolue. Certes la seconde nature de l'esprit objectif représente l'*Aufhebung* de la nature extérieure (et de ce que l'on peut considérer comme la naturalité première de l'esprit, à savoir l'esprit subjectif). Néanmoins, elle reste fondamentalement insatisfaisante.

De manière générale, le moment de l'esprit objectif, examiné pour lui-même dans les *Principes*, est celui de l'opposition du droit et du fait, c'est-à-dire le moment du conflit entre les exigences auto-fondées de l'esprit et le monde extérieur dans sa réalité donnée : « La volonté libre

1. Voir *PPD*, § 4, *W* 7, 46, trad. [2003] p. 119-120.

a immédiatement en elle […] les différences consistant en ce que la liberté est sa destination et fin intérieure et se rapporte à une objectivité extérieure trouvée là. »[1] L'esprit s'investit dans le monde, mais son effectuation est inévitablement précaire, car d'un côté elle est partielle, de l'autre elle est suspendue à la bonne volonté des individus. C'est ainsi, par exemple, que tel propriétaire ne possède qu'une frange limitée des biens appropriables et est menacé par le vol ; qu'un sujet agissant, quand il détermine seul la maxime de son action, ne peut adopter aucune règle absolument universelle ; ou qu'un État, du point de vue de l'histoire du progrès de la liberté, reste enfermé dans ses valeurs particulières, et ne possède de légitimité sur la scène mondiale que pour un lieu et une époque donnés. À la différence de ce qu'on observe dans l'esprit subjectif et dans l'esprit absolu, le sujet n'investit pas ici intégralement l'objet, mais est au contraire contesté par lui. L'esprit objectif est la sphère de la contradiction entre le *quid juris* et le *quid factis*.

Quand y a-t-il alors devoir ou droit ? On peut dire, semble-t-il, qu'il y a devoir lorsqu'il faut à l'individu agir laborieusement pour réaliser extérieurement sa volonté, et que cet agir peut s'opposer à d'autres tendances de sa volonté[2], et qu'il y a droit lorsque l'accomplissement de la volonté de l'individu est permis et doit être garanti contre la violence possible d'autrui[3]. Mais il y a droit, également, lorsque la réalisation du vouloir de l'individu requiert

1. *Enc.* III, § 483, *W* 10, 303, trad. p. 281.
2. Voir *Enc.* III, § 484, *W* 10, 303, trad. p. 281-282.
3. On peut penser par exemple au droit de l'individu à acquérir une propriété et à la voir respectée. Voir *PPD*, § 38, *W* 7, 97, trad. [2003] p. 147.

l'intervention d'un tiers [1]. Dans le droit abstrait et la moralité, le droit de l'un suscite le devoir de l'autre (tu dois respecter mon droit de propriété, tu dois respecter mon droit de définir moi-même la maxime de mon action). Dans l'éthicité en revanche, le même sujet a des droits et des devoirs corrélatifs (par exemple, mon devoir de payer des impôts correspond à mon droit d'être protégé par l'État en cas de guerre, ou le devoir d'obéissance des enfants correspond à leur droit d'être éduqués).

La question de la validité des normes

Pour Hegel, les normes factuelles, présentes dans l'expérience, sont-elles valides ? Oui, dans la mesure où elles sont produites par l'esprit et, à ce titre, valables pour lui. Certes, l'esprit objectif est organisé en moments disjoints. Ce qui est juste dans l'un ne l'est plus dans l'autre : par exemple les principes grecs perdent tout sens dans le monde moderne. Toutefois il n'y a pas lieu de contester la validité de ces principes pour leur monde propre [2]. L'affirmation de la légitimité intrinsèque de la volonté de l'esprit peut paraître naïve et trahir un manque d'esprit critique, mais elle repose en fait sur deux décisions théoriques remarquables :

a) Selon Hegel, parce que l'esprit est unificateur, il ne peut être en désaccord avec lui-même et, au sein d'une collectivité donnée, la volonté est commune. Certes, on

1. On peut penser ici aux droits des membres de la famille. Voir *PPD*, § 174, *W* 7, 326, trad. [2003] p. 270.
2. C'est ainsi que, d'un point de vue hégélien, nous n'avons pas à dénoncer abstraitement l'esclavage tel qu'il fut pratiqué par les Grecs. Certes, aujourd'hui, asservir un être humain est un crime, mais, dans le monde grec, l'esclavage était justement la condition de la liberté des citoyens.

peut assister à la consécration par le droit positif de mouvements tyranniques ou séditieux, de crimes et d'actes immoraux. Mais alors ces phénomènes sont perçus comme ne devant pas être, de sorte qu'ils n'ont que le statut d'accidents et n'entament pas l'accord de la volonté collective avec elle-même : « Que la violence et la tyrannie puissent être un élément du droit positif, ceci lui est contingent et ne concerne pas sa nature. » [1] Il arrive aussi qu'une collectivité se morcelle, si bien que plusieurs principes de légitimité s'affrontent en elle, comme le montre par exemple le conflit de l'Église et de l'État au Moyen Âge. Mais alors chaque parti en lutte a le droit de son côté – quoique ce droit soit borné. Enfin, Hegel reconnaît qu'il y a, dans l'esprit, de l'inégalité et de la contrainte. Néanmoins, pour lui, au sein d'une même sphère, celles-ci sont admises et reconnues comme valides par ceux qui les subissent : d'où, par exemple, sa conviction que le criminel admet la nécessité du châtiment dont il pâtit, que les enfants reconnaissent la légitimité du pouvoir paternel, que les Orientaux – qui ont une âme d'enfant – veulent un pouvoir despotique, etc.

b) L'esprit est manifeste à lui-même, de sorte qu'il serait vain d'opposer une volonté apparente et une volonté réelle – par exemple, à la suite de Marx, d'opposer le souci affiché, par le groupe social dominant, du bien commun, et ses efforts pour faire servir l'État à ses fins propres. Hegel est essentiellement opposé à l'idée de mystification. L'esprit s'apparaît tel qu'il est, de sorte que la norme publique, sauf accident, exprime sa volonté réelle.

En même temps, comme on l'a dit, puisque les normes sont particulières, elles sont susceptibles d'être invalidées,

<hr>

1. *PPD*, R. du § 3, *W* 7, 34-35, trad. [2003] p. 112.

dans un moment ultérieur et par des normes de plus haut rang. Par exemple, non seulement les normes grecques perdent toute effectivité dans l'Europe post-antique, mais elles sont délégitimées. De même, pour Hegel, si nous exigeons valablement que la propriété privée soit respectée dans sa sphère propre, à savoir celle du droit abstrait, néanmoins, dans certaines circonstances comme par exemple la guerre, l'État peut à bon droit exiger des citoyens qu'ils lui abandonnent leurs biens. En un mot, si les normes de l'esprit objectif sont valides, elles ne le sont toutefois que de manière locale et provisoire.

C'est en ce sens que Hegel n'est pas un penseur relativiste. Car, pour lui, les différentes normes n'ont pas la même valeur. Si tel n'était pas le cas, il n'y aurait pas lieu de parler du progrès de l'esprit. Par exemple, pour Hegel, le droit romain répond à l'exigence propre de l'esprit romain, et, quoiqu'il soit d'une brutalité effrayante, il n'implique aucune injustice à l'égard des Romains eux-mêmes. En même temps, cet esprit est en lui-même mauvais, puisqu'il ignore la liberté essentielle de l'homme. Il serait absurde de reprocher aux Romains de s'être donné leur droit propre, car celui-ci était l'expression même de leur identité. Néanmoins il ne représente qu'un stade inaccompli du progrès de l'esprit et, comme tel, devait à bon droit être défait par l'esprit moderne.

Toutefois, qui juge de la validité des normes telles qu'elles existent ? Elles ne sont pas jugées extérieurement mais se jugent elles-mêmes. Le progrès systématique, qui consiste dans l'*Aufhebung* des normes antérieures par les normes postérieures, est l'expression publique de la supériorité de celles-ci sur celles-là, et l'effet de la tendance immanente de l'esprit à rendre sa liberté adéquate. L'esprit est exigence à son propre égard et effort pour accomplir cette exigence. Pour cette raison même, il invalide successivement les normes qu'il se donne comme figures unilatérales de son travail de développement.

Discussion avec le positivisme juridique

Hegel s'oppose à l'attitude qui consiste à rapporter la légitimité des normes juridiques aux circonstances historiques qui les accompagnent ou à leurs effets conjoncturels. On voit ce point dans la longue polémique menée, dans la remarque du § 3, contre Carl Gustav von Hugo (1764-1844), maître de Carl von Savigny (1779-1861), lui-même fondateur de l'École historique du droit. Dans son *Manuel de droit romain* en effet, Hugo évoque le dialogue, tel que le présente Aulu-Gelle dans les *Nuits attiques*, entre le philosophe Favorinus et le juriste Sextus Caecilius à propos de certaines dispositions de la loi des douze Tables – dispositions toutefois tombées en désuétude au moment où le dialogue a lieu [1]. Hegel reprend le débat mais, à la différence de Hugo, se range du côté de Favorinus et non de Caecilius (et d'une certaine manière en vient à identifier le conflit entre Favorinus et Caecilius avec celui qui l'oppose à Hugo). Pour Caecilius-Hugo, la justification des lois dépend de leurs effets et donc des circonstances historiques de leur apparition. Pour Favorinus-Hegel en revanche, elles doivent être examinées du point de vue d'une raison intérieure : « Favorinus attaque la loi des douze Tables en se plaçant au point de vue de la nature de la chose. Caecilius justifie la loi par son efficacité. » [2] Ainsi,

---

1. Voir Hugo, *Lehrbuch der Geschichte des römischen Rechts bis auf Justinian*, 5ᵉ édition, Berlin, 1818, § 51, et Aulu-Gelle, *Nuits attiques*, XX, 1.

2. Note marginale de Hegel, *W* 7, 45, trad. [1989] p. 68.

Favorinus condamne la barbarie de la loi, tandis que Caecilius en fait l'éloge en arguant que son caractère terrifiant conduit à en rendre l'application inutile [1]. Indépendamment de la question de l'approbation ou de la désapprobation de la loi, Caecilius a tort, du point de vue hégélien, en ce qu'il rend compte de la loi par la recherche d'effets particuliers. Et Favorinus, quant à lui, a raison, dans la mesure où il se place sur le terrain des exigences de l'esprit comme tel. Pour Hegel, une loi n'est pas un simple moyen au service de buts finis, mais incarne l'aspiration essentielle de l'esprit.

Plus généralement, Hegel s'oppose à l'École historique du droit en ce qu'il ne fait pas de la tradition un moyen de légitimer les normes en vigueur : « L'explication et la justification historiques ne s'étendent pas jusqu'à avoir la signification d'une justification qui a une validité en et pour elle-même. » [2] Une comparaison superficielle des thèses de Savigny et de Hegel laisse certes l'impression d'une remarquable proximité entre les deux auteurs. L'un et l'autre, en effet, critiquent le « rationalisme abstrait » des Lumières qui, à leurs yeux, se désintéresse de l'histoire des peuples et considère qu'on pourrait imposer une même législation à des nations différentes. Comme Savigny, Hegel juge que l'on ne comprend l'homme qu'en le rattachant à son peuple d'appartenance, un peuple dont le droit exprime précisément l'âme. La différence, cependant, tient à ce que, pour Hegel, la vie juridique, est « rationnelle » au sens où elle est processuelle et intègre ce qui s'oppose

---

1. Par exemple l'une des dispositions autorisait le créancier, après un certain délai, à tuer le débiteur insolvable ou à le vendre comme esclave – voire, s'il y avait plusieurs créanciers, à le découper en morceaux et à se le partager de sorte que nul d'entre eux ne fût lésé.

2. *PPD*, R. du § 3, *W* 7, 35-36, trad. [2003] p. 113.

à elle. Cela implique, d'un côté, que le droit n'est pas l'expression directe de l'esprit « naïf » du peuple mais résulte d'un processus de rupture avec ses normes originaires [1], de l'autre, que l'esprit objectif comprend des moments – comme par exemple la moralité – dans lesquels les normes sont dissociées de leur principe totalisant [2]. Alors que l'École historique du droit, tout au moins dans l'interprétation hégélienne, dérive immédiatement le droit de l'âme du peuple, et fait du droit contemporain le rejeton direct du droit coutumier, Hegel considère au contraire que le droit s'élabore par opposition à la coutume première. Et que ce n'est pas le point de départ mais au contraire le résultat, au sens de ce qui est posé par soi-même, qui est légitime et légitimant. C'est pourquoi, si l'École historique du droit valorise le passé et la tradition, Hegel valorise le présent contre le passé (et notamment, par opposition à Savigny, l'époque moderne contre le Moyen Âge) [3].

Hegel est-il alors du côté du jusnaturalisme ou du juspositivisme ? Si la notion de droit naturel apparaît fort peu dans les *Principes*, elle est toutefois présente en bonne place, à savoir dans le sous-titre de l'ouvrage : « droit naturel et science de l'État » – ce qui fait pencher pour la première hypothèse. La question est cependant de savoir quel sens Hegel donne à la notion. Dans la remarque du § 502 de l'*Encyclopédie*, il souligne l'ambivalence du terme. D'un côté, parce que « naturel » équivaut à « immédiat », c'est-à-dire à « inchoatif », le droit naturel

---

1. Voir *PPD*, Add. du § 211, *W* 7, 364, trad. [1989] p. 232.
2. Voir *PPD*, R. du § 138, *W* 7, 259, trad. [2003] p. 234.
3. Voir *PPD*, *W* 7, 37, trad. [2003] p. 114. Voir l'analyse du débat par J.-F. Kervégan dans l'introduction de sa traduction, *op. cit.*, p. 31 *sq.*

peut être compris comme un droit originaire : par exemple
comme le droit de l'état de nature, si bien que les formes
juridiques que nous connaissons seraient issues du sacrifice
de ce droit naturel. Toutefois cette première hypothèse ne
tient pas, précisément parce que l'état de nature est un état
de non-droit. D'un autre côté, on peut entendre par droit
de nature « le droit tel qu'il se détermine par la nature de
la Chose, c'est-à-dire par le concept » [1]. Tel est précisément
le choix auquel Hegel se rend : pour lui, le droit naturel
est le droit comme Idée, c'est-à-dire l'esprit objectif en
tant que celui-ci se développe à partir de lui-même et
s'incarne dans l'expérience extérieure à partir d'une
exigence intérieure. Le droit naturel selon Hegel n'est ni
immuable ni « pur » au sens où il serait indifférent à
l'expérience, car il évolue et se réalise dans l'effectivité.
En même temps, il conserve son intégrité, et n'est pas
soumis à son environnement extérieur, puisqu'au contraire
il tend à lui imposer sa règle propre. En définitive, les
Principes défendent la thèse selon laquelle le droit, dans
ses multiples figures, s'efforce de se poser comme le sujet
même de son devenir.

---

1. *PPD*, R. du § 502, *W* 10, 311, trad. [2003] p. 292.

CHAPITRE VI

LE DROIT ABSTRAIT

Le premier grand moment de l'esprit objectif est celui du « droit abstrait », qui porte sur l'appropriation du monde par l'homme. Toutefois la propriété, telle qu'elle est traitée ici, n'est pas seulement factuelle mais aussi légale. Son enjeu n'est pas tant l'enrichissement du propriétaire que la validité objective de sa propriété, au sens où la propriété impose à tous le devoir de la respecter. C'est en vertu de cette valeur universelle du droit de propriété que l'esprit – ici sous la figure des « personnes », c'est-à-dire des individus capables d'acquérir et d'aliéner des biens – s'élève à l'objectivité.

Le droit abstrait est logiquement antérieur aux sphères de l'action morale et de la vie éthique, et constitue à ce titre une sphère autonome. Certes, le sujet agissant et les institutions éthiques sont en relation avec la propriété et ont une influence sur elle. Par exemple on peut, au nom de la morale, dans des cas extrêmes, justifier le vol. Par ailleurs, l'État protège et régule la propriété, mais peut aussi la mettre en cause par les impôts, les réquisitions de guerre, etc. Il n'empêche que la relation de propriété, telle qu'elle est examinée ici, n'a besoin ni de la morale ni de l'éthique, dans la mesure où elle ne résulte que du rapport entre la personne et la chose. C'est là une implication de la notion hégélienne de « moment » comme sphère indépendante, qui se développe en elle-même et en vertu d'une nécessité intérieure. Le droit de propriété ne dépend ni du projet « moral » du propriétaire, ni des règles que lui impose son appartenance à telle ou telle institution.

Corrélativement, il faut souligner le caractère extrêmement rudimentaire de ce premier moment de l'esprit objectif. Certes, tout homme, à l'époque moderne (au sens de post-antique), a le droit d'être propriétaire et, une fois qu'un sujet particulier possède légalement un bien, sa propriété doit être respectée. Toutefois, ce sujet n'a aucun droit *intrinsèque* au bien qu'il possède car sa relation à celui-ci est, précisément, « abstraite ». Alors que les actes « moraux » d'un sujet se justifient (partiellement) par un choix subjectif et que la règle éthique se légitime par une médiation intérieure complète, le droit de propriété ne fait que sanctionner une relation factuelle. C'est d'ailleurs pour cette raison qu'un même bien transite sans difficulté de main en main et qu'un même sujet peut, du jour au lendemain, passer de la richesse à la pauvreté ou inversement. Le droit de propriété exprime donc essentiellement une situation de fait. Nous ne sommes encore que dans le commencement de l'esprit objectif, c'est-à-dire dans son moment d'immédiateté.

REMARQUES GÉNÉRALES

La relation de propriété

La sphère du droit abstrait est donc celle des actes d'appropriation, et plus précisément des actes qui instituent une propriété juridiquement valide. Il s'agit, en d'autres termes, du droit de propriété dans ses aspects civils et pénaux. Cette propriété est valide, tout d'abord, à l'égard de la nature elle-même : il y a un « droit d'appropriation absolu [de] l'homme sur toutes les choses » [1]. Elle l'est ensuite à l'égard des autres hommes, au sens où elle oblige tout sujet à respecter toute propriété. La prescription fondamentale du droit est la suivante : « Sois une personne et respecte les autres en tant que personnes. » [2] L'individu doit être propriétaire dans la mesure où c'est ainsi qu'il s'élève à la liberté objective ; et il n'a le droit d'attenter à aucune propriété car chacune possède une validité générale.

Le droit abstrait est relatif aux choses singulières, si bien qu'il y a une série indéfinie de titres de propriété. Le parcours de l'esprit objectif commence donc avec la *multiplicité*. Il s'achèvera, dans la vie éthique, avec l'*unité* de la règle institutionnelle. Comme on le sait, pour Hegel, il n'y a d'accomplissement que dans l'unité : mais celle-ci est conquise, elle n'est qu'un résultat, et le point de départ est inévitablement caractérisé par la pluralité. Plus précisément, nous sommes ici dans une multiplicité *indifférente* au sens où une propriété déterminée ne tire sa validité que d'elle-même et non pas de son éventuel rapport à d'autres propriétés. Par ailleurs, le droit abstrait consiste en une relation de l'esprit avec des choses *extérieures*. Cette relation – le mien, le tien – est *formelle*, autrement dit superficielle, dans la mesure où la chose n'est pas affectée en elle-même par le rapport qui la lie à tel ou tel propriétaire. Considérons encore une fois, par contraste, la vie éthique : alors l'institution sera en relation non plus avec des *choses* mais avec des *volontés*, et elle les déterminera en leur contenu même.

1. *PPD*, § 44, *W* 7, 106, trad. [2003] p. 153.
2. *PPD*, § 36, *W* 7, 95, trad. [2003] p. 147.

La relation juridique mobilise deux concepts essentiels :
la personne (*die Person*) et la Chose (*die Sache*[1]).

a) La personnalité est l'aptitude juridique à être
propriétaire et l'esprit est alors une personne en tant
qu'individu *quelconque*[2]. Il n'est ici considéré, par exemple,
ni dans ses vertus ou ses vices, ni dans son statut familial,
social ou politique. En tant que personne, peu importe qui
il est, il a le droit d'acheter ou de vendre n'importe quel
bien pourvu qu'il respecte le droit, de sorte que la personnalité juridique est un masque (*persona*) qui laisse anonyme
l'individualité particulière de celui qui le porte. Sur un
autre plan, la personnalité juridique est historiquement
conditionnée, puisque les individus et les peuples qui n'ont
pas encore accédé à cette « pensée pure » et à ce « savoir
pur de soi » sont dépourvus de personnalité[3]. Pour Hegel,
c'est l'esprit romain qui, le premier, a mis en place un droit
de propriété authentique. Néanmoins, si l'idée de
personnalité est un résultat qu'il faut saluer, elle reste
insatisfaisante, et on peut reprocher au monde romain,
outre le fait d'avoir réservé le droit de propriété à quelques-
uns seulement, d'avoir considéré l'homme comme un
simple propriétaire, et non pas comme un sujet moral ou
un citoyen doué de droits politiques[4].

b) Le statut de chose désigne la disponibilité de l'objet
à être acquis ou aliéné. La chose est non moins quelconque
que la personne. On pourrait dire que, d'un point de vue
hégélien, les règles s'appliquant à un œuf et à un tableau

---

1. Le traducteur rend *die Sache* (la chose au sens de l'affaire,
éventuellement de la cause juridique) par la Chose, avec une majuscule,
pour la distinguer de *das Ding* (la chose au sens physique du terme).
2. Voir *PPD*, § 36-37, *W* 7, 95-96, trad. [2003] p. 147.
3. *PPD*, R. du § 35, *W* 7, 94, trad. [2003] p. 146.
4. Voir *LPH*, *W* 12, 383, trad. p. 245.

de maître sont les mêmes. La chose est « extérieure » et
« immédiate » au sens où elle est constituée de *partes extra
partes* et passive face au processus d'achat et de vente. La
remarque du § 43 examine quelques cas limites. Peut-on
dire qu'une aptitude ou une connaissance soient des choses
quand, par exemple, on se fait rétribuer pour une activité
d'enseignement ? La réponse est dans une certaine mesure
affirmative : « Elles ne sont pas d'emblée un immédiat,
mais elles le deviennent seulement par la médiation de
l'esprit qui abaisse ce qu'il a d'interne à l'immédiateté et
à l'extériorité. » En revanche, peut-on admettre, avec le
droit romain, qu'un enfant est la chose de son père ? C'est
là, dit Hegel, une disposition injuste.

Il y a, comme on l'a vu, un droit d'appropriation absolu
de l'homme sur toutes choses. Cette thèse repose sur
l'analyse de l'acquisition comme *Aufhebung* et sur la
différence de nature entre la personne et la chose. L'acquisition consiste, pour la personne, à placer sa volonté dans
la chose, de sorte que cette dernière reçoive de la première
sa « fin substantielle », et que la volonté devienne l'« âme »
de la chose. Du point de vue du droit en effet, la chose
n'est originairement investie par aucun but spirituel et ne
reçoit son principe unitaire que de la personne – lequel
principe, ici, consiste précisément à être la propriété de
telle ou telle personne. Il y a donc une *Aufhebung* au sens
où la chose est prise en charge par le sujet, qui met fin à
sa multiplicité initiale en lui associant un principe de
synthèse. L'appropriation exprime ainsi le droit infini de
l'esprit sur ce qui est sans droit. Finalement, la chose étant
originairement sans principe unitaire, elle est aussi sans
identité, bref « nulle ». L'acquisition peut donc être
considérée comme une illustration de l'idéalisme, au sens
où ce dernier n'accorde de poids substantiel qu'au savoir

et au vouloir, et ceci par opposition au réalisme, qui reconnaît une entière dignité aux choses immédiates[1].

Le droit de propriété

Comment analyser alors le droit de propriété ? Il ne répond ni à un besoin (par exemple comme condition de la survie) ni à un mérite (par exemple comme récompense d'un travail). Le droit de propriété et son corrélatif, le devoir d'être propriétaire, renvoient à une tendance de l'esprit : celle de s'objectiver. On acquiert des biens, essentiellement, pour être « chez soi » dans le monde extérieur. Grâce à l'appropriation, le monde extérieur cesse de constituer une borne. Or le fait d'être « chez soi » dans l'autre est la définition même de la liberté et de l'infinité[2]. L'enjeu de l'acquisition est, peut-on dire, métaphysique : il s'agit d'étendre sa subjectivité au delà de son intériorité : « La volonté n'est […] effectivement libre que dans la mesure où elle a un être-là. »[3] On ne devient donc propriétaire ni pour réaliser un projet subjectif de type « moral », ni pour respecter une prescription éthique. C'est en ce sens que le droit abstrait constitue une sphère autonome :

> L'aspect selon lequel je suis, en tant que volonté libre, objectif pour moi-même dans la possession et suis seulement ainsi volonté effective, cet aspect constitue ce qu'il y a là-dedans de véritable et de juridique, la détermination de la propriété. Avoir une propriété apparaît comme un moyen eu égard au besoin, pour autant que

1. Voir *PPD*, R. du § 44, *W* 7, 106, trad. [2003] p. 154.
2. Voir par exemple l'addition du § 7, *W* 7, 57, trad. (mod.) [1989] p. 77 : « Se retrouver chez soi-même dans sa limitation, dans cet autre, rester chez soi et ne pas cesser de s'en tenir à l'universel, tout en se déterminant : c'est là le concept concret de la liberté. »
3. *PPD*, § 92, *W* 7, 179, trad. [2003] p. 194.

l'on situe celui-ci en premier ; mais la position véritable de la question est que, du point de vue de la liberté, la propriété est, en tant que premier être-là de celle-ci, une fin essentielle pour soi [1].

Soulignons l'expression « une fin essentielle pour soi ». Il ne s'agit pas d'une fin accidentelle qui serait propre à tel ou tel individu mais d'une fin caractéristique de l'homme en tant que tel. Cette fin, en tant que « pour soi », relève de la subjectivité, c'est-à-dire de l'autodétermination de l'homme. Parce que le principe de la propriété est intérieur et universel, il est légitime, de sorte que la propriété est un droit. C'est à partir de cette thèse que Hegel condamne tout projet d'abolition de la propriété privée (en référence, par exemple, à la cité platonicienne de la *République*, aux lois agraires de Rome, aux communautés religieuses dont les membres partagent leurs biens, etc.) [2].

Toutefois, la relation de propriété n'impose aucune action déterminée, à la différence de ce qu'on observe dans la vie morale et la vie éthique. Ce qu'Untel achète ou vend n'est pas dérivable de la logique immanente de la propriété, mais dépend, bien plutôt, de ses choix et des circonstances contingentes de son existence particulière : « Le droit abstrait n'est [...] qu'une possibilité ; par conséquent, la détermination juridique n'est qu'une permission. » [3] Le droit en tant que tel ne détermine pas ce que je peux ou dois acquérir ou vendre : « Le rationnel est que je possède une propriété. [...] Ce que et combien je possède est une contingence juridique. » Cela signifie notamment, pour

1. *PPD*, § 45 et R. du § 45, *W* 7, 107, trad. [2003] p. 154.
2. Voir *PPD*, R. du § 46, *W* 7, 108, trad. [2003] p. 156.
3. *PPD*, § 38, *W* 7, 97, trad. [2003] p. 148.

Hegel, que l'égalité des biens ne peut être défendue ni au nom du droit, ni au nom de la philosophie [1].

Pourquoi parler ici de droits et de devoirs et non pas seulement de faits ? Comme on l'a dit plus haut, la sphère de l'esprit objectif présente une déhiscence entre la tendance et sa réalisation. En l'occurrence, chaque individu aspire à la propriété, mais ne pourra jamais réaliser entièrement ce but, puisque les biens appropriables sont en nombre indéfini et qu'une possession est nécessairement provisoire, ne serait-ce qu'en raison de la mort inéluctable du propriétaire. Les notions de droit et de devoir, qui se ramènent au devoir-être (*Sollen*), expriment le fait que, dans l'esprit objectif, l'opposition entre l'exigence et son accomplissement n'est jamais que partiellement et passagèrement surmontée. La relation de propriété est fragile et relève du mauvais infini, c'est-à-dire de la série itérative des acquisitions et des aliénations ponctuelles. Une chose est aussi facilement achetée que vendue, voire perdue ou volée. La relation de propriété est donc fondamentalement insatisfaisante.

LA SIMPLE PROPRIÉTÉ

La « propriété » (*das Eigentum*), première section du droit abstrait, a pour thème l'acquisition immédiate, au sens où elle se rapporte à des choses qui soit sont sans maître, soit appartiennent originairement au sujet. C'est seulement dans les sections ultérieures que le rapport avec autrui – un autrui qui est lui-même propriétaire ou tend à le devenir – sera examiné. La problématique présente est donc : qu'est-ce qui, dans mon rapport « immédiat » avec la chose, valide mon titre de propriété ? Trois cas de figure

1. Voir *PPD*, § 49, *W* 7, 112-113, trad. [2003] p. 158-159.

sont examinés : la prise de possession, l'usage de la chose et l'aliénation de la propriété.

a) Dans le cas de la *prise de possession*, c'est simplement le rapport physique que j'entretiens avec la chose qui authentifie ma propriété. Mais ce rapport physique connaît lui-même trois types de modalités. *1)* Dans la « saisie corporelle », je me contente d'une prise instantanée. Nous pouvons forger l'exemple du coquillage trouvé sur la plage. Il est à moi dès que je le ramasse mais, si je le laisse tomber un instant plus tard, il cesse d'être à moi : il s'agit de l'ici et maintenant de la prise de possession. *2)* Dans la « mise en forme » en revanche, j'altère l'objet. On peut penser à une portion de forêt vierge dont je deviens propriétaire parce que je la défriche. À la ponctualité radicale de la saisie succède le temps long du labeur. Alors que le bien était auparavant laissé tel quel, il est ici remodelé. *3)* Dans le « marquage », enfin, j'appose sur la chose un signe : par exemple j'applique au fer rouge une lettre sur une pièce de bétail. L'action est ponctuelle (on revient ainsi à l'immédiateté du premier moment), mais implique une transformation de la chose (comme dans le deuxième). Néanmoins l'action n'est plus « naturelle » (à la différence des deux premiers moments), puisqu'elle consiste à établir un signe, réalité spirituelle. Dans le troisième moment, je renomme la chose, et plus précisément je lui impose mon nom. Dans le marquage, en tant que propriétaire, je me rapporte à moi-même à travers la chose. Il s'agit du « retour à soi » qui marque l'achèvement du processus systématique considéré.

b) L'usage de la chose est également une figure de l'appropriation. Elle est attestée, négativement, par la notion de prescription, qui conduit à considérer comme sans maître une chose abandonnée par son propriétaire en titre [1]. Dans cette figure, l'objet appropriable change de nature : il ne se réduit plus à ses seules caractéristiques physiques mais s'étend, d'un côté, aux activités qu'il rend possibles, de l'autre à ce qu'il permet de produire et à sa valeur marchande. On voit ici que la doctrine du droit abstrait est aussi une ontologie de l'objet appropriable.

Hegel se livre, par ailleurs, à la critique d'un certain nombre de dispositions juridiques issues du droit romain et du droit médiéval, qui sont en voie d'abolition à son époque. Ces règles conduisent en effet à limiter le droit de propriété. À leur encontre, il insiste sur le caractère principiellement infini de la propriété, comme relation simple de la volonté du sujet à un bien dépourvu de volonté : « La propriété est [...] par essence propriété libre, pleine. » [2] Les commentaires de Hegel, dans une allusion transparente aux réformes de Stein et Hardenberg, montrent en outre que le droit de propriété n'est aucunement étranger à l'histoire : « C'est depuis hier, si l'on peut dire, que la liberté de la propriété a été reconnue ici et là comme principe. – C'est un exemple, emprunté à l'histoire du monde, de la longueur du temps dont l'esprit a besoin pour progresser dans sa conscience de soi. » [3] Pour Hegel, l'époque post-antique reconnaît de manière générale le droit de chacun à être libre (d'où la disparition de

1. Voir *PPD*, R. du § 59 et R. du § 64, *W* 7, 128 et 138, trad. [2003] p. 166 et 171.

2. *PPD*, § 62, *W* 7, 132, trad. [2003] p. 167. Hegel, dans sa théorie de l'État, défend, au nom du bien supérieur de ce dernier, l'institution du majorat (bien inaliénable et indivisible attaché à la possession d'un titre de noblesse et transmis avec le titre au fils aîné d'une famille), qui précisément limite le droit de propriété. On a ici une illustration, s'il en était besoin, du fait que la vie éthique représente l'*Aufhebung* du droit abstrait. Voir *PPD*, § 306, *W* 7, 475, trad. [2003] p. 404.

3. *PPD*, R. du § 62, *W* 7, 133, trad. [2003] p. 169.

l'esclavage). Mais, dans le cas allemand, ce droit ne se réalise complètement qu'aujourd'hui, lorsque le servage est aboli et que la propriété est rendue effectivement accessible à tous [1].

c) L'aliénation est également une figure de la propriété – puisque être propriétaire ne consiste pas seulement à acquérir mais aussi à céder des biens, la cession se distinguant de la prescription en ce qu'elle fait intervenir la volonté du sujet. L'aliénation de la chose est le moment le plus haut de la première sphère du droit abstrait, dans la mesure où, dans un tel acte, le sujet se révèle comme indépendant de la chose particulière et donc, virtuellement, comme propriétaire de toutes choses. Une nouvelle extension de l'objet s'observe alors, puisque, parmi les biens aliénables, on compte les productions propres du sujet, lesquelles sont liées à ses dispositions physiques et intellectuelles [2]. Ce troisième moment occupe donc, dans l'économie de la propriété simple, la place du « retour à soi ». Il est remarquable, toutefois, que cette élévation à l'universalité se traduise par un résultat négatif. Dans un moment plus concret, l'élévation à l'universalité donnerait lieu à une activité positive, à savoir la prise en charge d'un tout. Ici, elle consiste seulement à se déposséder du particulier.

Le texte note cependant qu'il y a des biens inaliénables, à savoir ceux qui ne sont pas extérieurs mais constitutifs de mon moi, c'est-à-dire par lesquels « je fais de moi [entre autres] un être capable de droit et d'imputation, un être

---

1. Pour Hegel, il y a une différence entre l'esclavage antique et le servage chrétien-germanique, car le serf est considéré comme un homme à part entière. Mais le servage manifeste l'inaccomplissement initial de l'exigence de liberté universelle propre à l'esprit post-antique.

2. Voir *PPD*, § 67-68, *W* 7, 144-145, trad. [2003] p. 173-174.

moral, religieux » [1]… Ces biens ne peuvent être cédés parce qu'ils fondent ma liberté. C'est cela qui rend aujourd'hui illégitimes le servage, l'interdiction de posséder une propriété, mais aussi les attitudes d'obéissance infantile et de renoncement à sa raison ou à sa libre conscience morale. Dès lors, tous les actes par lesquels je ferais d'autrui, à un degré ou à un autre, le maître de mon intériorité sont nuls [2].

LE CONTRAT

Le contrat (*der Vertrag*) d'achat et de vente est un processus *médiatisé* de validation de la propriété. La propriété ne repose plus alors sur le simple rapport à la chose, mais est conditionnée par la volonté d'autrui. Plus précisément, l'acquisition et l'aliénation des biens se valident dans l'élément de la parole des hommes, elles reposent sur la « stipulation ». Le contrat est non violent, il a pour condition la reconnaissance réciproque des individus comme propriétaires – cette reconnaissance étant, dit Hegel, impliquée par l'appartenance du contrat à la sphère de l'esprit objectif [3].

Qu'apporte le contrat ? Dans le moment antérieur, si la validité de la propriété était incontestable, elle restait cependant cantonnée à la relation de la personne à la chose. Elle n'était certes pas subjective et valait pour tout homme. Néanmoins elle n'était pas intersubjectivement reconnue. Par ailleurs, elle ne pouvait concerner qu'une frange limitée d'objets, ceux qui sont directement appropriables ou appartiennent originairement au sujet. Désormais, la validité

1. *PPD*, R. du § 66, *W* 7, 142, trad. [2003] p. 173.
2. Voir *Philosophie des Rechts. Die Vorlesung von 1819-20*, hrsg. von D. Henrich, Francfort, Suhrkamp, 1983, p. 78.
3. Voir *PPD*, R. du § 71, *W* 7, 153, trad. [2003] p. 178.

de la propriété acquiert une existence publique et s'étend aux objets qui, initialement, appartiennent à autrui. On peut établir une équivalence entre le rapport propriété-contrat et le rapport famille-société civile. De même que les règles familiales sont objectivement valides mais n'ont qu'une sphère d'application bornée, les règles de la propriété simple n'interviennent que dans le cercle étroit de la relation entre le propriétaire et les choses qui sont sans maître ou lui appartiennent déjà. Dans le moment du contrat, en revanche, la validité de la propriété s'étend à toutes les choses et se trouve reconnue par tous. Toutefois, la faiblesse de ce moment tient à ce que la propriété d'un individu repose non pas sur la reconnaissance d'autrui *en général* mais sur la série indéfinie des reconnaissances particulières que lui accordent les autres sujets. D'une certaine manière, il faut que chacun contracte avec tout homme sur toute chose pour assurer la validité de la propriété.

LE NON-DROIT

La troisième section du droit abstrait porte moins sur le « non-droit » (*das Unrecht*) – on peut aussi traduire ce terme par le « déni de droit » ou « l'injustice » – que sur la *négation* de ce non-droit. Ce point est sensible dans le titre que porte la section correspondante de l'*Encyclopédie* de 1827-1830 : *Das Recht gegen das Unrecht*, « le droit contre le non-droit ». On ne considère plus ici la volonté particulière dans sa relation avec un bien extérieur, ni dans sa relation avec une autre volonté tout aussi particulière, mais on examine le « droit effectif et valide », qui rend caduque l'injustice : « Le droit se rétablit par l'acte-de-nier

cette négation sienne. » [1] La troisième section considère
la manifestation de la nullité de l'infraction, qui assure au
droit son effectivité puisque « l'effectivité du droit [...]
est la nécessité [du droit] se médiatisant [...] par l'abrogation
(*Aufhebung*) de sa violation » [2]. Le droit abstrait, ici encore,
consiste dans la multiplicité des titres de propriété valides.
Toutefois sa validité n'est plus immédiate (comme dans
la propriété simple), ni médiatisée sur le mode du mauvais
infini (comme dans le contrat), mais médiatisée par un
principe universel de justice, qui s'établit dans les actes
par lesquels les délits sont punis.

Les différents types d'injustice

L'injustice répond à la fragilité constitutive de la
propriété. Dans la mesure où celle-ci ne repose ni sur un
dessein intérieur « moral », ni sur une norme institutionnelle,
bref dans la mesure où elle ne repose que sur la volonté
formelle (c'est-à-dire, ici, superficielle) des personnes, il
suffit d'une volonté autre pour que le titre de propriété
change. En d'autres termes, parce que nulle chose
n'appartient essentiellement à l'un ou à l'autre, et parce
que l'accord entre les propriétaires particuliers est contingent, la possibilité de l'injustice est inscrite dans la nature
même de la propriété. Parce que celle-ci est dépourvue de
fondement subjectif ou éthique, elle se renverse inévitablement dans le non-droit. L'injustice consiste alors dans
l'opposition entre le « droit en soi » et le « droit revendiqué »,
de sorte que ce dernier se trouve réduit au statut d'une
« apparence ». Le droit ne devient effectif que par la
négation de l'opposition entre l'en soi et l'apparence,

1. *PPD*, § 82, *W* 7, 172, trad. [2003] p. 190.
2. *PPD*, § 97, *W* 7, 185, trad. [2003] p. 198.

négation en vertu de laquelle le droit en soi produit des effets dans l'expérience. Qu'est-ce ici que le « droit en soi » ? La notion désigne ce que nous pourrions nommer le bon droit, c'est-à-dire la répartition factuelle des biens. Il s'agit du droit abstrait immédiat, qui est valide mais infondé, et qui se trouve nié, précisément, par l'injustice.

Le premier cas de délit est le « déni de droit sans parti pris ». Il s'agit d'une violation « candide » de la justice, qui a pour cause la seule ignorance. On peut prendre l'exemple (qui n'est pas de Hegel lui-même) de deux individus se disputant la possession d'un champ, l'un et l'autre étant de bonne foi. Les deux prétendants reconnaissent la validité du droit en général mais sont en désaccord sur un titre *particulier.*

Le deuxième cas est la *fraude*. Celle-ci désigne l'acte injuste auquel l'agent confère sciemment l'apparence du droit. Il s'agit du renversement de la situation précédente, puisque le délit porte sur une qualité *intérieure* de la chose et non plus sur la désignation de son propriétaire. L'injustice s'approfondit donc. Toutefois, d'une certaine manière, le droit n'est pas directement mis en cause, puisque le fraudeur prétend agir conformément au droit.

Le troisième cas enfin, le *crime*, renvoie à la violence volontaire exercée à l'encontre d'autrui. Alors ce n'est pas seulement le propriétaire qui est lésé, mais aussi le droit comme tel, puisque le criminel le renie publiquement. Le crime s'exerce contre le droit lui-même, et l'injustice est stricte [1].

Notons en passant que, selon le texte, seuls peuvent subir une violence mon corps (agression physique) ou mes biens (vol). La coercition ne peut porter sur mon intériorité,

---

1. Voir *PPD*, § 95, *W* 7, 182, trad. [2003] p. 196.

sauf si je l'accepte moi-même : « Ne peut être contraint à quelque chose que celui qui veut se laisser contraindre. »[1] Ici se trouve réaffirmée l'autonomie de principe de l'esprit, qui amène Hegel à nuancer la gravité du crime. On a là, pour ainsi dire, une expression de son optimisme : la violence n'affecte pas l'intégrité de l'esprit, elle ne concerne que ses attributs extérieurs. Ce thème était déjà exprimé avec force au § 302 de l'*Encyclopédie* de 1817, et on le retrouve dans l'*Encyclopédie* de 1827-1830 : l'esprit « peut faire abstraction de tout extérieur et de sa propre extériorité, de son être-là lui-même ; il peut supporter la négation de son immédiateté individuelle, la douleur infinie. »[2] Hegel ne nie pas le mal subi mais, incontestablement, il le relativise en considérant que l'esprit a en propre d'être capable de surmonter toute affection extérieure.

Le rétablissement du bon droit

Quelle est alors la logique du rétablissement du bon droit ? L'intérêt – et, bien entendu, le caractère discutable – de l'exposé hégélien tient à ce qu'il propose une analyse du châtiment en termes de simple renversement : « La violence ou contrainte […] se détruit immédiatement elle-même. »[3] De même que la validité de l'appropriation ne dépend pas du but « moral » intérieur du sujet agissant ni des institutions auxquelles il appartient, le châtiment du crime n'a pas à revendiquer une justification morale (par exemple amender le criminel), ou éthique (par exemple assurer la stabilité de l'État ou garantir la protection des citoyens). Le châtiment, dans la sphère du droit abstrait,

---

1. *PPD*, § 91, *W* 7, 179, trad. [2003] p. 194.
2. *Enc.* III, § 382, *W* 10, 25-26, trad. p. 178.
3. *PPD*, § 92, 7, 179, trad. [2003] p. 194.

n'est qu'un mal second dirigé contre le crime comme mal premier. Indépendamment même de toute visée de réparation du dommage commis à l'égard des biens ou du corps de la victime, il est le contrecoup automatique et violent qui s'exerce contre la violation du droit :

> L'abrogation (*Aufhebung*) du crime est une représaille (*Wiedervergeltung*), dans la mesure où elle est, selon son concept, lésion de la lésion [1].
>
> La contrainte est abrogée par la contrainte ; par conséquent ce n'est pas seulement de façon conditionnée [c'est-à-dire au nom de ses effets bénéfiques], mais de façon nécessaire [c'est-à-dire par un renversement inévitable], qu'elle est conforme au droit – à savoir en tant que contrainte seconde, qui est un acte-d'abroger une première contrainte [2].

Le châtiment est la revanche du bon droit sur l'apparence de droit. La signification du châtiment, dans l'analyse de Hegel, est indiscutablement rudimentaire. Mais ce caractère est revendiqué [3], dans la mesure où il ne fait qu'exprimer l'immédiateté du droit abstrait. Le châtiment est tout aussi infondé que la propriété, il ne relève que d'une volonté native. De même que la personne a une tendance native à s'approprier le monde, le droit en soi, inscrit dans la volonté partagée des personnes, tend « naturellement » à sanctionner le crime.

Significative est la polémique menée par Hegel contre diverses théories de la peine. En premier lieu, il récuse

---

1. *PPD*, § 101, *W* 7, 192, trad. [2003] p. 201.
2. *PPD*, § 93, *W* 7, 179, trad. [2003] p. 194-195.
3. Voir par exemple *PPD*, § 102, *W* 7, 196, trad. [2003] p. 203, qui souligne que nous nous trouvons « dans [la] sphère de l'immédiateté du droit ».

l'idée selon laquelle la peine, en tant que mal, ne tirerait sa légitimité que de ses (supposés) effets bénéfiques. Les considérations sur le pouvoir d'amendement et d'intimidation du châtiment ne sont certes pas absurdes, dit-il, mais seulement lorsqu'il s'agit de déterminer la modalité de la peine, et non lorsqu'il s'agit de comprendre son principe, et de savoir si elle est juste en elle-même [1]. Certes, on trouve chez Hegel une théorie de la punition comme assurant l'amélioration morale du délinquant. Mais elle n'advient que dans la *Sittlichkeit*, lorsque le châtiment n'est plus l'effet du seul droit en soi mais s'inscrit dans le processus réfléchi et autofondé du tribunal [2].

Cette thématique est prise en relais par des considérations sur le rapport du criminel au châtiment qu'il subit. D'un côté, comme le montre la polémique menée contre le juriste Anselm Feuerbach (1775-1833, le père de Ludwig, à ne pas confondre avec le peintre du même nom, 1829-1880), Hegel considère que faire de la peine un moyen destiné à impressionner le candidat au crime revient à réduire l'homme à un animal qui aurait besoin d'être dressé. Cette théorie, qui aboutit à priver l'homme de son libre arbitre, n'honore pas sa qualité de personne. En outre, elle peut même avoir pour effet pervers de le pousser au crime, précisément afin de montrer qu'il n'est pas ému par la menace du châtiment. D'un autre côté, Hegel affirme que le châtiment est un droit pour le criminel lui-même. En effet celui-ci, en lésant le droit, s'institue comme législateur et pose le non-droit comme valide. Cela signifie qu'il exige d'être lui-même soumis à ce non-droit, ce qui le condamne

---

1. Voir *PPD*, R. du § 99, *W* 7, 188, trad. [2003] p. 200.
2. Voir *PPD*, § 174, *W* 7, 326, trad. [2003] p. 270.

à la violence. Comme on le constate, alors même que Hegel manifeste une franche inclination répressive, il considère que le criminel conserve sa spiritualité, et plus précisément reste une personne [1].

Hegel souligne cependant la distinction qu'il convient de faire entre la vengeance et la peine. La première n'est perpétrée que par une personne singulière, et entraîne, sous la forme de rétorsions réciproques, une suite indéfinie de violations du droit. La seconde est en revanche exercée par « un tiers jugement qui est libre de tout intérêt » [2]. Il se confirme ainsi que le moment du « droit contre le non-droit » est le moment véritablement systématique du droit abstrait, par lequel une instance universelle autonome, à savoir le « droit en soi », s'impose et organise la pluralité des titres de propriété en un tout.

L'originalité de la conception hégélienne du droit de propriété tient à ce qu'elle pose l'existence de ce droit indépendamment de tout cadre moral ou politique : « L'État n'est pas la présupposition qui conditionne la justice (*Gerechtigkeit*) en soi. » [3] Certes, la figure du juge apparaît explicitement au § 501 de l'*Encyclopédie* de 1827-1830, c'est-à-dire au sein du moment structurellement identique à la troisième section du droit abstrait des *Principes* [4]. Mais le juge, alors, n'est que l'agent du « se-faire-valoir (*das sich Geltendmachen*) du droit en soi ». C'est bien plus loin

---

1. Voir M. Foessel, « Penser la peine », *Revue de métaphysique et de morale*, Paris, PUF, 2003, p. 529 *sq*.
2. *Encyclopédie* III, § 500, *W* 10, 310, trad. p. 291.
3. *PPD*, R. du § 100, *W* 7, 191, trad. [2003] p. 201.
4. Voir *Enc.* III, § 501, *W* 10, 310, trad. p. 291.

dans le développement systématique – à savoir dans la *Sittlichkeit* – qu'est en réalité thématisée l'administration de la justice (*die Rechtpflege*) comme instance autonome de décision. Hegel oppose explicitement la « représaille » qui s'exerce dans le droit abstrait, à la « peine » qu'on inflige dans la société civile [1]. Ainsi s'affirme l'un des aspects fondamentaux de la pensée hégélienne : l'autonomie des moments qui se comprennent et se développent par eux-mêmes.

La section du droit abstrait propose donc une enquête sur la légitimité de la propriété. Dans le premier moment, cette légitimité repose sur le rapport de l'individu à la chose ; dans le deuxième, sur la série itérative des accords inter-individuels ; dans le troisième enfin, sur l'accord du concept du droit et de la volonté de la personne. Dans le cadre de la troisième sphère du droit abstrait en effet, ce qui m'autorise à dire : « ce champ est à moi », ce n'est pas le fait que je le travaille (cas ressortissant à la première section), ni que je l'ai acheté à autrui (deuxième section), mais le fait que ma volonté propre soit ratifiée par la sanction pénale qui s'exerce à l'encontre de celui qui prétend m'en déposséder indûment. Par là, on peut comprendre rétrospectivement ce qui, d'un point de vue hégélien, restait fondamentalement insatisfaisant dans la propriété et le contrat tels qu'ils étaient examinés dans les deux premières sections. Dans le moment de la propriété simple, il suffisait que je m'empare d'un objet et que je le transforme pour qu'il devînt mien : en fait de meuble, possession et travail valaient titre – d'où l'extraordinaire fragilité d'un tel type de propriété. Dans le cas du contrat, inversement, il apparaissait indispensable, en une figure

---

1. Voir *PPD*, § 220, *W* 7, 374, trad. p. 309.

du mauvais infini, que tous les hommes s'accordent sur toutes les prétentions à la propriété pour que celles-ci deviennent légitimes. La puissance du châtiment, dans la troisième section, est en revanche d'opérer une validation de la propriété qui vaut d'un coup et pour tous.

CHAPITRE VII

LA MORALITÉ

La sphère de la moralité *(die Moralität)* est celle de l'action en tant qu'elle ne renvoie ni à l'appropriation de biens extérieurs, ni à l'ordre familial, social ou étatique. Il s'agit d'une action qui, d'un côté, est déterminée par le sujet lui-même, de l'autre et contradictoirement, est conditionnée par l'environnement dans lequel elle s'inscrit. L'action est ici considérée non pas dans sa dimension privée (que fais-je?) mais dans les droits et les devoirs publiquement assignés au sujet agissant (que me reconnaît-on le droit de faire et qu'exige-t-on de moi?). La thèse fondamentalement défendue par Hegel est qu'à l'ère post-antique le sujet peut librement déterminer la maxime de son agir – mais a aussi le devoir d'en assumer les effets pour autant qu'il les a voulus pour eux-mêmes. Néanmoins, puisqu'il n'obéit encore à aucune norme instituée, sa maxime ne peut être absolument justifiée. Telle est, pour Hegel, la faiblesse propre de l'action « morale ». Précisons cependant les caractéristiques générales de ce type d'agir :

a) La maxime de l'action, donc, relève du choix subjectif de l'agent. Cette maxime est, de ce fait même, caractérisée par un contenu particulier. Dans le droit abstrait, rien ne distinguait le vouloir d'un individu de celui d'un autre,

puisque tous aspiraient à la propriété (la question du « quoi »
et du « combien » étant superficielle et ne déterminant
aucune différence véritable entre les vouloirs). La personne
n'avait pas non plus de volonté proprement intérieure,
puisqu'elle n'avait pas à réfléchir à un projet mais se
contentait d'acquérir et d'aliéner des biens extérieurs.
Enfin, dans son vouloir et ses actes, elle ne transformait
pas son identité, mais restait pareille à elle-même, à savoir
une personne quelconque. Dans la moralité en revanche,
le sujet agissant se modifie en déterminant son dessein
intérieur particulier, lequel, de ce fait même, est véritablement
le sien :

> L'individu libre, qui, dans le droit (immédiat), est
> seulement une personne, est maintenant déterminé comme
> un sujet, – un vouloir réfléchi en soi, de telle sorte que
> la déterminité du vouloir, en général, soit […] comme
> la sienne, différente de l'être-là de la liberté dans une
> Chose extérieure. Du fait que la déterminité de la volonté
> est ainsi posée dans l'intérieur, la volonté est en même
> temps comme une volonté particulière. […] La volonté
> subjective est libre moralement, dans la mesure où ces
> déterminations sont intérieurement posées comme les
> siennes et voulues par elle [1].

b) Par ailleurs, le sujet se rapporte à un objet substantiel
et le modifie véritablement. On n'a plus affaire, comme
dans le droit abstrait, à une altération simplement formelle
de la chose, qui ne devenait que la propriété de quelqu'un.
Car, ne fût-ce que sur un mode tendanciel, l'action de type
moral transforme le monde. Toutefois la séparation du
sujet et de l'objet de l'action est la source des embarras
auxquels le sujet agissant est inévitablement confronté.

---

1. *Enc.* III, § 503, *W* 10, 312, trad. p. 293.

Alors que, dans le droit abstrait, la chose ne peut opposer aucune résistance à son appropriation par une personne, et que, dans la vie éthique, la règle institutionnelle peut être pleinement efficace si elle est respectée, dans la sphère de la moralité, l'objet a sa propre logique, et est susceptible de résister au sujet, de produire des effets imprévus, voire d'inverser le sens de l'action : « Cette extériorité peut pervertir l'action et amener au jour autre chose que ce qui s'est trouvé résider dans cette action. »[1] Parce que le sujet n'exerce aucune souveraineté sur son objet, rien ne garantit l'efficience ni le caractère approprié de son agir.

L'action, dans la moralité, est examinée du point de vue de son but et de sa portée. Elle peut consister dans une modification ponctuelle de l'environnement (« le propos »), dans une initiative réfléchie et visant le bonheur personnel (« l'intention »), ou enfin dans un acte accompli par devoir ou refus du devoir (« la conscience morale »). Dans le premier moment, on a affaire au couple associant le sujet qui agit de manière irréfléchie et l'être-là donné dans l'expérience simple ; dans le deuxième, au couple associant le sujet visant son bien-être personnel et le contenu complexe d'un projet ; et enfin, dans le troisième, au couple associant le sujet voulant agir vertueusement (ou vicieusement) et le bien moral comme exigence d'universalité.

Comme le souligne cependant la remarque du § 503 de l'*Encyclopédie*, puisque le sujet est susceptible de mal agir, la section consacrée à la moralité n'a pas pour objet les seules actions « bonnes ». Et la question du devoir, quant à elle, n'intervient que dans la troisième section du texte, les deux premières examinant l'action dans une perspective essentiellement téléologique. Quel est alors

---

1. *Enc.* III, § 504, *W* 10, 313, trad. p. 294.

l'enjeu de l'étude philosophique des actes moraux ? Il n'est pas de prescrire un devoir-être, mais de considérer la logique des actions concrètes et de montrer qu'il y a une progression menant d'un agir qui n'est que *formellement* autonome (le « propos ») à un agir qui, autant qu'il est possible dans la sphère de la moralité, est *effectivement* autonome (l'action mue par la conscience morale).

Toutefois, il faut souligner que le droit du sujet de déterminer par lui-même le principe de son action est historiquement situé et n'advient qu'à l'ère post-antique. En effet, pour Hegel, l'originalité du monde moderne consiste dans l'affirmation de la liberté *intérieure* de l'homme : « La liberté grecque fut celle de la fortune et du génie ; elle avait encore pour condition l'esclavage et les oracles [...]. L'homme se détermine désormais lui-même et se sait puissance universelle de tout le fini. [...] L'homme est reconnu comme la puissance infinie de décision. »[1] Dans le monde européen chrétien, le vouloir de l'individu répond à la réflexion de l'esprit en lui-même et non pas à une simple inclination naturelle (cas oriental et, avec des modalités différentes, cas grec), ni à un commandement extérieur (cas romain). C'est pourquoi, pour Hegel, seul l'Européen post-antique est capable de moralité, au sens où seul il agit à partir de la connaissance du bien et du mal et peut opter pour l'un ou l'autre. Le sujet moderne agit à partir de ses convictions : « C'est principalement cette liberté subjective ou morale qui s'appelle liberté au sens européen du terme. En vertu du droit de cette liberté, l'homme doit en général posséder en propre une notion de la différence du bien et du mal, les déterminations éthiques comme les déterminations

1. *LPH*, *W* 12, 404, trad. p. 257.

religieuses ne doivent pas requérir son obéissance seulement comme des lois et prescriptions extérieures d'une autorité, mais avoir dans son cœur, sa disposition intérieure, sa conscience morale, son discernement, etc., *leur approbation, leur reconnaissance ou même leur fondation.* »[1] La figure à laquelle s'oppose le sujet agissant est donc celle de l'hétéronomie. De nos jours, dit Hegel, elle est incarnée par l'homme inculte, celui qui n'a pas opéré sa propre *Bildung* et ne s'est pas donné la capacité de décider lui-même de ses maximes[2].

LE PROPOS

Dans sa première figure, celle du propos (*Vorsatz*), l'action ne répond ni à une fin délibérée ni à un commandement moral. Elle est, pourrait-on dire, irréfléchie. Le mot même de Vorsatz est d'ailleurs apparenté au verbe *voraussetzen*, « *présupposer* »[3]. Corrélativement, cette action ne concerne pas une pluralité d'objets mais une seule réalité donnée, un « être-là » présent dans l'expérience immédiate[4]. Le texte donne ainsi l'exemple d'Œdipe tuant,

1. *Enc.* III, R. du § 503, *W* 10, 312-313, trad. p. 294. Comme on le verra, ce droit n'est pas mis en cause dans la *Sittlichkeit*, puisque la norme institutionnelle, alors, ne s'impose pas de l'extérieur mais consiste en obligations intérieures qui requièrent l'adhésion du sujet et lui permettent de s'accomplir. Voir aussi *Enc.* I, Add. du § 81, *W* 8, 173, trad. p. 513.

2. Voir *Rechtsphilosophie*, hrsg. von K.H. Ilting, 3, 335.

3. Voir Ph. Soual, *Le sens de l'État*, Louvain-Paris, Peeters, 2006, p. 206.

4. Comme le montre la distinction proposée, dans la section ultérieure, entre le propos et l'intention : « La déterminité de l'action [répondant à une intention] est […] non pas un contenu isolé jusqu'à être une singularité extérieure, mais un contenu universel. » (*PPD*, § 119, *W* 7, 223, trad. [2003] p. 217. Voir *Enc.* III, § 505, *W* 10, 313-314, trad. p. 295)

sous le coup de la colère, un homme qu'il rencontre sur la route de Thèbes – et ceci, bien entendu, en ignorant l'identité de l'homme en question mais seulement en raison de sa présence « ici et maintenant ».

La section est principalement consacrée à la défense du droit du sujet agissant. Selon ce droit, l'homme n'a à répondre que de ce qu'il a *fait*, de ce dont il est auteur. Dans la mesure en effet où le monde extérieur est en devenir et obéit à des principes propres, une action peut aboutir, par une suite d'effets imprévus, à des résultats qui, s'ils sont bien le fait (*die Tat*) du sujet agissant, ne relèvent pourtant pas de son action (*die Handlung*). À titre d'illustrations, le § 116 évoque les dommages produits malgré moi par les choses dont je suis propriétaire, le § 117 les circonstances non connues qui changent le sens de mon action, et le § 118 les conséquences plus ou moins éloignées de mes actes qui, elles non plus, ne sont pas anticipées. Le manuscrit Wannenmann cite l'accident de chasse[1] : on songe à la confusion entre la lance acérée et la lance mouchetée, ou entre la pierre ordinaire et la pierre ponce, comme exemples d'actes accomplis par ignorance (*di' agnoian*) cités par Aristote dans son analyse de l'acte involontaire[2]. Mais le *droit* de ne se reconnaître comme responsable que des effets qu'on a voulus pour eux-mêmes et en connaissance de cause s'accompagne du *devoir* d'assumer de tels effets[3]. Par exemple, si Œdipe, d'un

---

1. Hegel, *Vorlesungen über Naturrecht und Staatswissenschaft.* Heidelberg 1817-1818, hrsg. von C. Becker et al., Hamburg, Meiner, 1983, p. 64, trad. J.-Ph. Deranty, Paris, Vrin, 2002, p. 105.
2. Voir Aristote, *Éthique à Nicomaque*, III, 2, 111 a 12-14, trad. J. Tricot, Paris, Vrin, 1987, p. 126.
3. Voir *PPD*, § 115, *W* 7, 215, trad. [2003] p. 214.

point de vue moderne, n'est pas coupable de parricide, il est bel et bien coupable de meurtre.

L'INTENTION

La deuxième figure de l'action a pour principe un projet délibéré et articulé, l'intention (*die Absicht*[1]), qui vise à transformer le monde extérieur de manière complexe, afin d'assurer le bien-être (*das Wohl*) ou la félicité (*die Glückseligkeit*) de l'agent. Dans le moment antérieur, l'action extérieure avait sa fin en elle-même. Par exemple, Œdipe tuait l'importun rencontré sur la route de Thèbes pour le tuer, sans autre but. Désormais, le sujet agit pour être heureux. Les pôles subjectif et objectif sont dissociés et chacun d'entre eux approfondi en lui-même : nous sommes dans le moment de la scission.

a) Le moment objectif consiste en une pluralité d'actions unifiées par une intention d'ensemble (en passant, Hegel entend déjouer les sophismes qui ramènent l'agir intentionnel au simple détail atomique des faits et gestes – comme si par exemple l'incendiaire s'était contenté de jeter un brandon sur le toit de la maison et n'avait pas projeté de la brûler toute entière[2]). Comme principe unificateur, cette

1. Il ne faut pas confondre l'*Absicht* ici thématisée et la *Gesinnung* que Kant met au centre de son analyse de la moralité, terme souvent traduit aussi par « intention ». Voir par exemple la *Critique de la raison pure*, Ak. V, 84, trad. t. 2 p. 710-711 : « L'intention (*die Gesinnung*) que [l'homme] est obligé d'avoir dans l'observation de cette loi [morale], c'est de la suivre par devoir. »

2. Voir *PPD*, R. du § 119, *W* 7, 224, trad. [2003] p. 217-218. On évoquera cependant le cas de l'incendiaire qui ne voulait brûler qu'une seule maison et qui, à la suite de la communication du feu, a détruit tout un quartier. De quoi est-il coupable ? La réponse de Hegel est qu'il est coupable de l'ensemble des conséquences de son acte, précisément parce

intention est un universel : toutefois, dans le moment présent, elle n'est pas autonome mais au service de la fin subjective de l'agent. Par exemple, on peut dire qu'un meurtre, s'il est proprement intentionnel, n'est pas voulu pour lui-même mais répond à un but subjectif (qui peut être, éventuellement, le plaisir de tuer). La logique de l'intention se caractérise par un hiatus entre le contenu objectif de l'action et son mobile.

Hegel soutient alors qu'on ne peut attribuer au sujet, dans le contenu de son action, que ce qu'il en a su et voulu. Dans le moment du propos, on examinait dans quelle mesure un acte non délibéré pouvait néanmoins être imputé à un sujet. Ici, on se demande dans quelle mesure un acte délibéré peut l'être. La conscience post-antique admet l'irresponsabilité des enfants et des fous pour autant qu'ils posent des actes intentionnels car, par hypothèse, ils sont incapables de réfléchir véritablement. En revanche, il y a un « droit de l'objectivité » selon lequel le sujet agissant, une fois l'action effectuée, a le devoir d'assumer le fait qu'il en est l'auteur « en tant qu'être pensant » [1]. Par exemple, peut-on ajouter, si j'ai tué quelqu'un au cours d'une rixe alors que je m'étais volontairement adonné à l'ivresse, je ne peux m'affranchir de la responsabilité de cet homicide, car j'avais bel et bien le projet de boire – un projet qui, par définition, a mobilisé ma réflexion.

b) Le moment subjectif est également réfléchi en lui-même. Le bien-être se définit à partir de l'intérêt du sujet, et l'action objective n'est qu'un moyen pour accéder

---

que son intention était originairement mauvaise et qu'il avait à prendre en compte le risque de l'extension de l'incendie. Nous sommes ici en dehors du cas cité plus haut de la pure malchance, il y a bel et bien responsabilité de l'agent à l'égard des effets imprévus.

1. *PPD*, R. du § 132, *W* 7, 247, trad. [2003] p. 228.

à ce bien-être : « C'est pour réaliser ce à quoi ils s'intéressent
[…] comme à ce qui est leur que les hommes veulent être
actifs. » [1] Toutefois, au stade où nous en sommes, nul but
subjectif ne vaut inconditionnellement. Bien plutôt, il
repose sur les inclinations naturelles, de sorte que la visée
de tel individu n'est pas celle de tel autre. La remarque du
§ 123 évoque significativement le débat entre Crésus et
Solon sur la question de savoir si la richesse assure le
bonheur [2]. En outre, le bien-être étant relatif, il est fini, et
ceci non pas seulement au sens où il est dépendant des
circonstances extérieures (comme la triste fin de Crésus
tend à le montrer), mais aussi au sens où nul but n'est
absolu mais constitue toujours un moyen à l'égard d'un
autre but [3]. Par exemple Untel aspire à la richesse pour
obtenir la gloire, qui elle-même est susceptible, pense-t-il,
de lui permettre d'obtenir l'amitié d'autrui, etc.

Pour autant, Hegel affirme avec vigueur le droit de
l'individu à défendre ses intérêts propres. En d'autres
termes, il reconnaît le droit de chacun à poursuivre son
bonheur et à en jouir. Ce droit, à ses yeux, est lui aussi
propre à l'ère chrétienne : « Le droit de la particularité du
sujet à se trouver satisfait ou, ce qui est la même chose, le
droit de la liberté subjective constitue le point d'inflexion
et le point central de la différence entre l'Antiquité et
l'époque moderne. Dans son infinité, ce droit a été énoncé
dans le christianisme et il a été fait le principe effectif
universel d'une nouvelle forme du monde. » [4] Alors que,
dans les civilisations antérieures, l'intérêt de l'individu
n'est pas pris en compte (cas oriental), se confond avec

1. *PPD*, § 123, *W* 7, 230, trad. [2003] p. 219.
2. Voir Hérodote, *Histoire*, I, 30.
3. *PPD*, § 122, *W* 7, 230, trad. [2003] p. 219.
4. *PPD*, R. du § 124, *W* 7, 233, trad. [2003] p. 221.

celui de la cité (cas grec), voire doit être sacrifié à l'État (cas romain), le monde germanique se caractérise par la reconnaissance de la valeur infinie de l'individu en tant que tel et du droit qu'il a de poursuivre des fins strictement personnelles. C'est pourquoi Hegel récuse la morale kantienne du désintéressement – et ceci notamment dans sa version (caricaturale) relayée par Schiller, selon laquelle la vertu exigerait « de faire aversion ce que prescrit l'obligation »[1]. Certes, l'auteur des *Principes* considère que l'action accomplie en vue du bien-être est moins estimable que l'action accomplie par pur devoir. Néanmoins, il refuse de la condamner et fait d'elle un moment à part entière de la sphère morale.

Par ailleurs, Hegel critique le raisonnement qui, s'appuyant sur la distinction (authentique) de l'intérêt subjectif et de l'intention objective, affirme (fallacieusement) que l'un pourrait être entièrement indépendant de l'autre. Par exemple, un individu n'agirait dans le monde que pour être heureux et serait indifférent à ses œuvres. Ou bien, à l'opposé, la morale exigerait que les hommes ne visent que le bien objectif et non pas leur bonheur propre. Or, pour Hegel, s'il est vrai que les deux pôles ne s'identifient pas – de sorte qu'on peut être rendu malheureux par un succès, et heureux par un échec – néanmoins tout sujet agit, à la fois, pour être heureux et produire une œuvre objective. Allons plus loin : l'œuvre exprime la subjectivité de l'agent et, inversement, retentit sur son intériorité : « Ce qu'est le sujet, c'est la série de ses actions. Celles-ci sont-elles une série de productions sans valeur, la subjectivité du vouloir est elle aussi sans valeur ; la série de ses actes est-elle au contraire de nature substantielle, la volonté

---

1. Schiller, « Decisum », *Xenien aus dem Musenalmanach für das Jahr 1797*, in *Werke und Briefe in 12 Bänden*, Francfort, 1992, p. 627.

interne de l'individu l'est aussi. »[1] Non seulement les actions remarquables ne peuvent avoir pour sujet qu'un individu capable de les produire, mais en outre ces actions déterminent l'identité de l'individu agissant. Le sujet se produit lui-même dans son agir. Dès lors, il y a un sophisme à ne prendre en compte que les intérêts subjectifs de l'individu et non pas son action objective.

On rencontre ici le point de vue du valet de chambre, qui est déjà dénoncé dans la *Phénoménologie de l'esprit*[2] et le sera à nouveau dans les *Leçons sur la philosophie de l'histoire*[3]. Le valet de chambre du grand homme n'ignore rien de ses détestations mesquines, de sa cupidité, de son appétit de jouissance, etc. Pour cette raison même, il est tenté de réduire l'action de son maître à la quête de ces satisfactions médiocres. Le sophisme est ici double. D'un côté, il s'agit de l'erreur, évoquée plus haut, qui tend à absolutiser la distinction du subjectif et de l'objectif. De l'autre, le valet est aveugle au fait que le grand homme poursuit, outre ses intérêts médiocres, une intention de grande portée, à savoir le changement de l'histoire. Non seulement le valet commet une erreur métaphysique en réduisant le grand homme à sa dimension subjective, mais il commet une erreur de jugement en considérant uniquement la subjectivité vulgaire de son maître et non pas sa subjectivité de haut rang, celle qui le définit précisément comme un grand homme et lui permet, à lui et non pas à un autre, de jouer un rôle de premier plan dans l'histoire – une seconde erreur qui s'explique, justement, par le fait que celui qui juge n'est qu'un valet.

---

1. *PPD*, § 124, *W* 7, 233, trad. [2003] p. 221.
2. Voir *Phénoménologie*, *W* 3, 489, trad. p. 553.
3. Voir *RH*, éd. p. 13, trad. p. 127.

LA CONSCIENCE MORALE

Les caractères propres de la conscience morale

La troisième section de la moralité traite de l'action dans laquelle le sujet agit soit conformément au « bien moral », soit à son encontre. Quel est le cadre d'une telle action ? Hegel évoque les situations historiques de corruption des mœurs qui, faute de proposer des règles éthiques adéquates, obligent les hommes à tirer d'eux-mêmes la maxime de leur action : « Lorsque le monde présent-là de la liberté est devenu infidèle à la volonté, elle ne se retrouve plus dans les obligations en vigueur, et il lui faut chercher à conquérir dans la seule intériorité idéelle l'harmonie perdue dans l'effectivité. » [1] Une remarque de l'introduction de la vie éthique propose un éclairage complémentaire, en affirmant que, si les règles éthiques sont aisées à connaître, il peut y avoir en elles quelque chose de décevant, puisque l'homme aspire aussi aux actions exceptionnelles. Le texte suggère alors d'opposer la droiture (ou probité, *Rechtschaffenheit*) à la vertu (*Tugend*), la première exprimant l'observance des règles éthiques et la seconde l'agir conforme au bien moral. Il n'y a de vertu à proprement parler, dit Hegel, que dans des circonstances extraordinaires. Ou plutôt, la vertu apparaît lorsque la société est dans un état primitif et grossier, de sorte que l'agir dépend alors du « bon vouloir individuel » [2]. Tels sont les exemples proposés par Hegel lui-même. Mais, plus simplement, on peut songer aux figures de l'action qui, d'un côté, supposent une maxime subjective, de l'autre, se situent hors du cadre éthique : comme par exemple lorsque je tiens (ou non) une

1. *PPD*, R. du § 138, *W* 7, 259, trad. [2003] p. 234.
2. *PPD*, § 150, *W* 7, 298, trad. [2003] p. 255.

promesse, ou que je donne (ou non) de l'argent à un nécessiteux qui me tend la main.

Comment analyser la norme morale telle qu'elle apparaît ici ? Le sujet considéré n'agit plus pour modifier l'être-là simple (le propos) ou complexe (l'intention) mais pour se conformer au bien : « Pour la volonté subjective, le bien est tout simplement l'essentiel. »[1] Le bien se définit comme l'unité du vouloir universel et du vouloir particulier[2], bref il constitue un vouloir dans lequel tous les hommes peuvent se reconnaître. Plus précisément, la conscience (*das Gewissen*) prescrit, outre le respect du droit commun, le souci du bien-être de chacun[3]. Le bien est une exigence qui s'impose par elle-même et non pas, comme dans l'intention, à titre de moyen de la félicité du sujet : c'est pourquoi l'action est bonne lorsque le sujet se conforme à ce bien universel par devoir[4].

La dimension universelle du bien moral permet de le rapprocher de la loi pratique pure telle qu'elle est théorisée par Kant. Sa dimension eudémoniste l'en éloigne-t-elle ? Pas vraiment, dans la mesure où le bonheur considéré ici ne concerne pas le seul sujet agissant mais l'humanité toute entière, et où le devoir a une valeur inconditionnelle. Alors que la première figure de la moralité est une action impulsive, et la deuxième une action intéressée, la troisième est une action désintéressée. La scission entre le contenu objectif de l'action et son mobile subjectif est désormais supprimée : le devoir n'est véritablement respecté que s'il

---

1. *PPD*, § 131, *W* 7, 244, trad. [2003] p. 226.
2. Voir *PPD*, § 129, *W* 7, 243, trad. [2003] p. 225-226.
3. Voir *PPD*, § 134, *W* 7, 251, trad. [2003] p. 229.
4. Voir *PPD*, § 133, *W* 7, 250, trad. [2003] p. 229.

l'est en vue de lui-même. Nous sommes donc dans le « retour à soi » de la moralité[1].

Accomplir son devoir n'est pas aliénant mais libérant, dans la mesure où l'agent sort ainsi de sa subjectivité particulière pour s'élever à sa « propre objectivité, dans sa vraie signification »[2]. Il y a lieu, dit Hegel, de reconnaître à Kant le mérite d'avoir mis ce point en évidence. Plus précisément, l'action suppose désormais une option délibérée en faveur ou à l'encontre de l'obligation : « Le bien est ainsi posé comme quelque chose de contingent pour le sujet, qui peut en conséquence se décider pour quelque chose d'opposé au bien, être mauvais. »[3] Mais au devoir d'agir conformément au bien est associé une prérogative : le sujet, à l'ère moderne, a le droit de ne tenir pour bon que ce qu'il juge tel, on ne peut exiger qu'il se conforme à un principe moral qui n'aurait pas son assentiment : « La conscience morale exprime le bien-fondé absolu de la conscience de soi subjective, à savoir : savoir au-dedans de soi et à partir de soi-même ce qui est droit et obligation, et ne rien reconnaître d'autre que ce qu'elle sait ainsi être le bien. »[4] Corrélativement, l'évaluation du mérite ou de l'indignité d'un agent à partir de son action dépend de la conscience qu'il a eue de la nature morale de l'action en question[5]. Par exemple, on ne peut reprocher à un agent d'avoir agi vicieusement en posant tel ou tel acte si, pour lui, l'acte en question était vertueux.

---

1. Voir *PPD*, Add. du § 121, *W* 7, 229, trad. [1989] p. 161.
2. *PPD*, Add. du § 133, *W* 7, 251, trad. [1989] p. 171.
3. *Enc.* III, § 509, *W* 10, 135, trad. p. 297.
4. *PPD*, § 137, *W* 7, 255, trad. [2003] p. 232. Voir R. du § 132, *W* 7, 245, trad. [2003] p. 169 : « Le droit de ne rien reconnaître de ce que je ne discerne pas comme étant rationnel est le droit suprême du sujet. »
5. Voir *PPD*, § 132, *W* 7, 245, trad. [2003] p. 169.

Les difficultés du choix moral

Toutefois, le devoir moral est une exigence abstraite. C'est ce qui le distingue de la norme éthique qui, quant à elle, a un contenu déterminé – par exemple contribuer au bien de telle ou telle famille, de tel ou tel État, etc. L'obligation morale « a pour détermination sienne l'identité dépourvue de contenu ou le positif abstrait, l'absence de détermination » [1]. Or, puisque toute particularité contrevient par définition à l'universalité abstraite, le conflit entre le bien comme tel et la volonté particulière est inévitable. D'un côté nulle action déterminée ne peut être jugée conforme au devoir dans la rigueur du terme, de l'autre il est impossible que le devoir se réalise en tant que tel dans le monde, puisque rien n'est objectif qui ne soit particulier. Cela ne signifie pas, d'un point de vue hégélien, que le troisième moment de la moralité ne serait qu'une chimère, mais que l'expérience morale ne peut échapper à la contradiction et à l'insatisfaction.

On pourrait s'étonner d'une telle analyse. Car l'une des propositions clés de l'hégélianisme est que l'universel est capable se particulariser sans se perdre. Toutefois, il faut distinguer ici deux types d'universels, l'universel concret comme principe de totalisation, capable de s'incarner dans la particularité, et l'universel abstrait comme exigence de non contradiction, qui reste en revanche extérieur à la particularisation. Dans la vie éthique, moment de la réconciliation de l'esprit objectif, on a affaire à des institutions obéissant à des principes concrètement universels. En revanche, parce que la moralité est la sphère du dualisme, l'universel, en elle, demeure abstrait, si bien qu'il ne peut être chez soi dans aucune action déterminée.

---

1. *PPD*, § 135, *W* 7, 252, trad. [2003] p. 230.

Hegel s'oppose donc à Kant en contestant que l'universalité du devoir moral permette, à elle seule, de statuer sur ce qu'il faut faire ou ne pas faire. Pour lui, si le sujet examine deux maximes particulières opposées, l'exigence d'universalité ne suffit pas, à elle seule, à en valider une et en éliminer une autre. Bien plutôt, l'une et l'autre maxime peuvent être à la fois justifiées et invalidées au nom du même bien moral abstrait. Par exemple, faut-il tenir le respect de la propriété pour une exigence morale ? – Certes, la propriété peut être considérée comme une condition de la liberté de l'esprit, mais il est néanmoins possible de penser sans contradiction un monde sans hommes vivants, donc sans propriété [1]... On retrouve ici une idée développée dans la *Phénoménologie de l'esprit*. Hegel y présentait le débat qui oppose, au nom de la morale, les partisans de la propriété inégalitaire et ceux qui veulent que les biens soient appropriables par « chacun selon son besoin [ou] à parts égales ». Or le critère de l'universalité ne permet pas de trancher : « La propriété, en et pour soi, ne se contredit pas [...]. La non-propriété des choses, le fait pour elles d'être sans maître ou la communauté des biens, se contredisent tout aussi peu. » [2] Aucune doctrine immanente des devoirs n'est possible, dit Hegel, car, dans le cadre de la moralité, un principe n'est pas capable de se valider de façon autonome mais dépend inévitablement d'hypothèses qui renvoient à une situation contingente ou à un choix arbitraire du penseur.

À cette critique, Kant répondrait sans doute que le sujet pense à partir d'une situation donnée, et que l'exigence d'universalité n'est pas à ce point abstraite qu'elle invaliderait toute maxime particulière. Par exemple, il ne

---

1. Voir *PPD*, R. du § 135, *W* 7, 253, trad. [2003] p. 230-231.
2. *Phénoménologie*, *W* 3, 317, trad. p. 376-377.

s'agirait pas de savoir si je suis favorable ou défavorable à la propriété dans n'importe quel monde possible, mais si j'y suis favorable dans ce monde-ci. Toutefois Hegel pourrait alors rétorquer que la difficulté est de savoir quel est « ce monde-ci » : l'univers physique tout entier, le monde humain à n'importe quelle époque, le monde que définissent mes occupations et mes intérêts… ? Ou bien encore : le monde dans lequel je suis un individu quelconque ou le monde dans laquelle j'ai des attributs socio-économiques déterminés ? Hegel n'a pas forcément tort de noter que, d'un côté, l'exigence de pure universalité rend la validation d'une maxime définie impossible et que, de l'autre, une détermination précise du champ de l'hypothèse implique de renoncer à l'universalité comme critère unique de l'évaluation morale. Certes, comme le note Mai Lequan, l'auteur des *Principes* ne semble pas avoir remarqué que le critère d'universalisation, sous la plume de Kant, n'est pas seulement théorique mais également pratique : « Il faut que nous puissions *vouloir* que ce qui est une maxime de notre action devienne une loi universelle. »[1] Toutefois, la difficulté soulevée par Hegel n'en est pas supprimée pour autant : car on ne veut jamais que dans un certain contexte et à partir d'une certaine identité.

À l'affirmation anti-kantienne selon laquelle il serait impossible de déterminer une maxime morale qui serait à coup sûr universelle, Mai Lequan rétorque également que Kant a précisément réfléchi au problème du passage de l'exigence pure à la maxime déterminée, et ceci dans la section de la *Critique de la raison pratique* sur « la typique du jugement pratique pur ». Pour Kant, il est possible de

---

1. Kant, *Fondement de la métaphysique des mœurs*, Ak. 4, 439, trad. 2, 288 (nous soulignons). Voir M. Lequan, *La philosophie morale de Kant*, Paris, Seuil, 2001, p. 194-197.

savoir si une maxime déterminée est véritablement conforme
à la loi morale en se demandant si l'on peut vouloir ériger
cette maxime en « loi universelle de la nature » [1]. Mais ce
rappel de la doctrine kantienne suffit-il à rendre caduque
l'objection hégélienne ? Car la difficulté, pour Hegel, n'est
pas de savoir s'il y a ou non une opération intellectuelle
par laquelle le sujet pourrait déterminer sa maxime. Elle
est de savoir, plus profondément, si une maxime morale
déterminée peut être conforme à l'exigence d'universalité.
Le conflit entre Kant et Hegel ne tient pas ici à ce que
Hegel aurait oublié de lire un chapitre de la *Critique de la
raison pratique*, mais à ce que les deux philosophes n'ont
pas la même conception du sujet moral. Pour Kant en effet,
le sujet moral est capable de s'élever à la raison pratique
pure, laquelle est *absolument* universelle. Pour Hegel, en
revanche, le sujet moral est rivé à sa particularité. Certes,
pour l'auteur des *Principes*, l'homme peut se conformer
à une règle véritablement universelle (au sens, alors, de
principe de totalisation) dans le cadre même de l'esprit
objectif : mais il s'agit de l'homme de la vie éthique.
Pourquoi cette différence ? Dans la *Sittlichkeit*, *l'universel*
constitue un point de départ, un présupposé. Dans tout
moment de la vie éthique, on commence par un universel
immédiat (par exemple l'esprit familial) et, traversant le
particulier (par exemple l'esprit « bourgeois »), on accède
à un universel autoposé (par exemple l'esprit civique).
Dans la moralité, en revanche, on commence par la
particularité, à savoir le libre choix par l'individu de la
maxime de son action. En raison de ce point de départ,
l'accès à un universel véritable est impossible. On rencontre
ici un schème qui, comme on le verra, se retrouve dans la

1. Voir Kant, *Critique de la raison pratique*, Ak. 5, 67-71, trad. 2,
690-694. Voir M. Lequan, *op. cit.*, p. 178 *sq.*

critique du contrat social : si, initialement, il n'y a qu'une pluralité, alors on ne peut rejoindre l'unité. Il n'y a d'unité *in fine* que s'il y a une unité *ab initio*, ce qui est le cas dans la vie éthique mais non dans la moralité. Ainsi, dans l'ordre éthique, des hommes distincts peuvent agir selon des principes communs. À l'opposé, dans l'ordre moral, des hommes distincts ne peuvent agir que de manière différenciée, de sorte que le sujet moral, en dépit de l'exigence d'un bien universel, est incapable de s'élever véritablement à lui. Pour Hegel, un individu ne peut, par ses seules ressources subjectives, s'élever à l'universel : voilà pourquoi l'expérience morale est essentiellement contradictoire[1].

En d'autres termes, le choix de la maxime ne peut se faire sans une décision abstraitement subjective de l'agent moral : « En raison de la manière d'être abstraite du bien, l'autre moment de l'Idée, la particularité en général, tombe dans la subjectivité, laquelle […] est […] ce qui est déterminant et décisoire. »[2] Notons que cette décision ne signifie pas, de la part de l'homme agissant, l'abandon du devoir. Bien plutôt, le sujet doit faire un choix entre plusieurs manières de se conformer au devoir : il ne s'agit pas, pour lui, de déterminer s'il agira moralement ou non, mais de déterminer comment il agira moralement. Or, puisque son choix est particulier, il se met en contradiction avec lui-même. Le sujet ne peut agir qu'en introduisant, dans sa réflexion, un principe contingent – ce par quoi il renonce à la pureté morale exigée par le devoir.

En définitive, le principe du devoir ne permet pas de sortir de la subjectivité qui caractérise l'action morale

---

1. Voir A. Grandjean, « Conscience morale et certitude de soi dans les *Principes* de Hegel », *Revue de métaphysique et de morale*, Paris, PUF, octobre 2003, p. 520 *sq.*

2. *PPD*, § 136, *W* 7, 254, trad. [2003] p. 231.

depuis le début de la section. Bien plutôt, la subjectivité est encore plus grande ici, dans la mesure où le choix, désormais, ne porte plus simplement sur une action ponctuelle, ni même sur le bonheur personnel, mais sur le devoir universel lui-même : « Cette subjectivité […] met en déroute toute déterminité du droit, de l'obligation […] tout comme elle est la puissance judicative de déterminer à partir d'elle seule quelle sorte de contenu est bon. »[1] La troisième section ne fait qu'intensifier la contradiction générale de la moralité et sa conséquence, à savoir le subjectivisme.

La conscience est par ailleurs tentée de renoncer au bien moral. Elle peut alors opter pour le mal, en accordant à l'arbitraire subjectif une dignité supérieure à ce bien[2]. Le mal prend notamment la forme de l'hypocrisie, qui tend à faire passer pour conforme au devoir ce qui, en réalité, n'est que l'absolutisation de la subjectivité particulière. En même temps, l'hypocrisie permet à l'agent de faire l'expérience de sa liberté et de sa capacité à déterminer par lui-même sa maxime face à l'obligation morale. Elle manifeste, pour le sujet lui-même, la grandeur et les limites du choix moral. En elle, il parvient à une pleine conscience de soi, de sorte qu'elle constitue la figure ultime de la moralité.

Pour Hegel, l'action proprement morale, c'est-à-dire reposant sur une maxime subjective « particulière », a une originalité irréductible dans le développement de l'esprit objectif. D'un côté elle se distingue de l'appropriation, qui repose sur un vouloir indéterminé (celui d'être une personne

---

1. *PPD*, § 138, *W* 7, 259, trad. [2003] p. 233.
2. Voir *PPD*, § 139, *W* 7, 260-261, trad. [2003] p. 234.

en général), de l'autre elle se distingue de la vie éthique, qui procède d'un vouloir institutionnel (donc à la fois partagé et autofondé). Cependant l'action morale est essentiellement contradictoire : contradiction entre le propos du sujet et le monde (qui produit des effets imprévus), entre le mobile subjectif et l'intention objective (qui n'assure que des satisfactions relatives) et, enfin, entre l'action concrète et l'exigence du bien (celle-là ne pouvant s'élever à celle-ci).

Le texte hégélien n'a rien de militant mais se contente d'établir quels sont aujourd'hui, c'est-à-dire dans le monde moderne, les droits du sujet. En premier lieu, le sujet a toute latitude pour établir lui-même la maxime de son action, pour autant que cette dernière ne concerne ni la propriété ni la vie des institutions mais seulement le bien-être des hommes. En d'autres termes, il a le droit d'être heureux à sa façon. En second lieu, de même qu'on ne peut l'obliger à agir contrairement à ses convictions, on ne peut lui reprocher, s'agissant des effets de son action, que ce qu'il a précisément voulu faire. De manière toute aristotélicienne, Hegel insiste sur le fait que la maxime de l'action ne peut être déterminée indépendamment de l'expérience. Ce qui est à faire ne se détermine qu'en situation et ne relève que d'une appréciation subjective. Toutefois cette subjectivité définit également la limite de l'attitude morale, au sens où le choix fait par l'individu agissant ne peut jamais être entièrement justifié. Alors que Kant voit dans le choix moral le moment de l'absolu, il reste, pour Hegel, extraordinairement relatif[1].

_____

1. La *Phénoménologie* traite la moralité de manière très différente. Mais, déjà, on est frappé du caractère décevant (au moins d'un point de vue hégélien) de ce moment, puisqu'il atteint son plus haut résultat dans

une parole de pardon – une simple parole échangée ponctuellement entre des agents que rien d'autre ne réunit.

CHAPITRE VIII

LA FAMILLE ET LA SOCIÉTÉ CIVILE

GÉNÉRALITÉS SUR LA VIE ÉTHIQUE

L'éthicité, ou vie éthique (*Sittlichkeit*), désigne, dans l'édifice des *Principes*, le moment de la totalisation. Nous avons affaire ici à une série d'ensembles organisés, dans lesquels les individus interagissent les uns avec les autres tout en obéissant à des normes générales. Alors qu'il s'agissait seulement, dans le droit abstrait, d'individus considérés dans leurs rapports aux biens appropriables, et, dans la moralité, d'individus déterminant subjectivement la maxime de leur action, nous rencontrons, dans la vie éthique, des institutions qui rassemblent une pluralité de membres sous des normes partagées. Dans la mesure où les individus se reconnaissent réciproquement comme appartenant à la même unité spirituelle, la vie éthique est un moment de réconciliation. Elle constitue le « retour à soi » de l'esprit objectif.

Le tout éthique opère l'*Aufhebung* des moments antérieurs, au sens où le comportement des individus s'universalise : par exemple, le sujet se conduit désormais en membre de la famille ou en citoyen. Certes, les moments antérieurs ne sont pas purement et simplement incorporés dans l'éthicité et continuent à exister de manière autonome.

Ainsi, l'individu peut encore se rapporter à la propriété en tant que personne et mettre en œuvre des « intentions » de manière à assurer son bien-être. De même que la vie éthique n'épuise pas le processus de l'esprit et laisse une place, en son amont, à la vie contemplative de l'esprit absolu, elle permet l'existence, en son aval, d'une série de formes de vie qui restent indépendantes. Néanmoins, en son sein, la vie éthique supprime les contradictions propres au droit abstrait et à la moralité, puisque son objet est désormais proprement spirituel (à la différence de ce qu'on observe dans le droit abstrait), et qu'elle entretient avec lui un rapport de réconciliation (à la différence de ce qu'on observe dans la moralité).

L'objet d'investigation, dans la vie éthique, n'est donc plus l'homme singulier mais l'institution. Cela ne signifie pas que celui-là soit aliéné en celle-ci, mais que la liberté, désormais, est d'abord le fait de l'organisation d'ensemble comme réalité *sui generis*, et ne concerne les individus que de manière dérivée. S'agissant par exemple de l'État, Hegel propose moins une théorie de l'homme dans l'État qu'une théorie de l'État comme réalité primordiale : l'élément éthique « est de cette manière la liberté ou la volonté qui est en soi et pour soi, […] [le] cercle de la nécessité dont les moments sont les puissances éthiques qui gouvernent la vie des individus et ont en ceux-ci, en tant qu'ils sont leurs accidents, leur représentation, leur figure apparaissante et leur effectivité »[1]. Comme le note une addition, il ne faut pas prendre l'individu comme base de l'édifice éthique mais, tout au contraire, considérer que c'est le tout qui est la réalité substantielle[2].

---

1. *PPD*, § 145, *W* 7, 294, trad. [2003] p. 252.
2. Voir *PPD*, Add. du § 156, *W* 7, 305, trad. [1989] p. 197.

Comment Hegel conçoit-il la relation de l'individu à la totalité éthique ? Assurément, on peut le dire anti-individualiste et anti-libéral, en ce qu'il considère que ce n'est pas l'individu mais le tout – et notamment l'État – qui est une fin en soi : « Tout ce qu'est l'individu, il en est redevable à l'État, il n'a son essence qu'en celui-ci. »[1] Significativement, Hegel ne parle jamais de droits que l'individu aurait à défendre *contre* la totalité éthique (même si, comme on le verra, il insiste sur les droits qu'il a à faire valoir en elle). Toutefois, la norme éthique est-elle contraignante ? Hegel défend-il une idéologie « holiste » au sens, défini par Louis Dumont, d'une doctrine qui valoriserait la totalité sociale aux détriments de l'individu[2] ? En réalité, pour lui, le rapport de l'ensemble éthique à la partie n'est pas de domination extérieure mais d'intégration. La priorité du tout sur l'individu est celle de l'universel concret sur le particulier, au sens où la volonté de l'institution, loin de s'imposer à l'individu sur un mode coercitif, s'exprime en lui de l'intérieur. La thèse fondamentale est que l'individu n'est pas *aliéné* mais *libéré* par son appartenance à la totalité éthique, et ceci parce que la norme permet à la volonté de l'individu de s'accomplir. La norme serait contraignante si elle était particulière, au sens où elle procéderait de la volonté de tel ou tel dirigeant considéré en ce qu'il a de propre. Alors, en s'imposant, elle repré-senterait la négation finie – l'altération – de la volonté originaire des autres hommes. Mais si la norme est universelle, si elle vise le bien du membre de la totalité éthique en tant que tel, alors elle n'altère pas la volonté

---

1. Voir *PH* 1822-1823, éd. p. 74, trad. p. 168. Voir aussi *RH*, éd. p. 243, trad. p. 280 et *Cours d'esthétique* I, *W* 13, 240-241, trad. p. 244-245.
2. Voir notamment L. Dumont, *Essais sur l'individualisme*, Paris, Seuil, 1991.

originaire de l'individu mais l'accomplit en la réconciliant
avec elle-même. Elle affranchit la volonté de sa particularité
initiale et lui permet de se fonder intérieurement. C'est à
ce titre que la volonté éthique est libératrice :

> Dans l'obligation [éthique], l'individu a […] sa libération.
> Il est libéré d'une part de la dépendance où il se tient
> dans la simple impulsion naturelle ainsi que de l'abattement
> dans lequel il est en tant que particularité subjective prise
> dans les réflexions morales du devoir et du pouvoir, il
> est libéré d'autre part de la subjectivité indéterminée qui
> ne parvient pas à l'être-là et à la déterminité objective
> de l'agir. […] Dans l'obligation, l'individu se libère en
> direction de la liberté substantielle [1].

De même que, pour Rousseau, la liberté civile est plus
haute que la liberté naturelle, et que, pour Kant, obéir à la
loi morale universelle permet au sujet de s'autonomiser,
de même, pour Hegel, vivre en membre de la famille, en
« bourgeois » ou en citoyen permet de se réconcilier avec
soi. Certes, l'*Aufhebung* de l'individu par l'institution
implique une subordination du premier à la seconde, mais
cette subordination est tout autant une élévation.

C'est à partir de ce point qu'on comprend les critiques
de Hegel à l'égard de la moralité et son éloge des normes
éthiques. Dans la moralité, l'homme agit à partir d'un
principe qu'il tire de lui-même et qui donc est inévitablement
particulier. Même quand il est vertueux et décidé à promouvoir le bien commun, son principe ne vaut que pour lui.
En outre, il se rapporte alors à un objet qui, pour lui, est
d'une altérité irréductible, de sorte que l'accomplissement
de sa volonté dépend de circonstances contingentes. En
revanche, dans la sphère éthique, les normes expriment le

---

1. *PPD*, § 149, *W* 7, 297-298, trad. [2003] p. 255.

tout et sont donc essentiellement légitimes. Corrélativement, dans la mesure où elles s'exercent sur des individus qui sont disposés à leur obéir, elles sont efficaces. Par ailleurs, le droit de l'individu à établir lui-même le principe de son action – droit reconnu dans la sphère de la moralité – n'est pas remis en cause dans la sphère éthique. Car l'obéissance à la loi n'est pas mécanique. Il dépend de moi que je sois un époux fidèle, un agent économique honnête et un bon citoyen… Le libre choix est bien plutôt absolutisé, puisqu'il n'est plus voué à être arbitraire mais peut être raisonnable.

Dans la vie éthique, l'individu est considéré en tant qu'universel et particulier à la fois. Il est certes reconnu dans son universalité au sens où il est pourvu de droits et de devoirs en tant que membre de l'institution. En même temps cependant, son statut propre à l'intérieur de l'institution, et donc les droits et les devoirs associés à ce statut, sont consacrés. Par exemple, tout membre de la famille obéit aux normes définissant l'esprit familial, mais les fonctions de père, de mère et d'enfant sont distinctes. De même, dans l'État, tous les hommes sont citoyens et obéissent aux mêmes lois : pour autant le prince, le fonctionnaire et le parlementaire ont des rôles différenciés.

Toutefois, la légitimité des normes éthiques n'exclut pas que les individus fassent preuve, dans leur vie au sein des institutions, d'égoïsme ou de violence : c'est pourquoi celles-ci restent un simple devoir-être. Il n'est même pas exclu que les normes soient en elles-mêmes déficientes. Néanmoins, leur légitimité demeure si elles contribuent à l'accomplissement du tout. Considérons par exemple les lois romaines. D'un côté, Hegel ne cesse de dénoncer leur inhumanité, de l'autre ces lois sont pour lui expressives de l'esprit romain, et à ce titre valables pour les Romains eux-mêmes et les peuples qu'ils soumettent. Même si elles sont oppressives, même si elles sont, par conséquent, vouées à être remplacées par des lois libératrices – celles du monde moderne – néanmoins, pour Hegel, elles sont essentiellement légitimes parce qu'elles sont fondées par l'esprit romain comme principe immanent d'organisation.

Quelles sont les étapes de la vie éthique ? Il y a d'abord la vie familiale, fermée sur elle-même et qui repose sur l'amour des siens. Puis vient la vie économico-juridique de la société civile, qui permet d'entrer en rapport avec des individus véritablement autres et repose sur le raisonnement « intelligent », mais est toutefois caractérisée par la concurrence et les inégalités. Enfin, l'État apparaît, qui unifie des individus substantiellement différents et repose sur la décision délibérée d'obéir aux lois. La séquence famille-société civile-État peut donc se comprendre comme le passage de la clôture sur soi à la lutte de tous contre tous et enfin à l'unité par l'obéissance à une loi commune. Cela ne signifie pas que la famille et la société civile disparaîtraient ou seraient absorbées par l'État, mais que ce dernier intègre leurs significations respectives tout en les transformant. Par exemple, il y a en lui un principe d'unité comme dans la famille – mais ce n'est plus une unité « naturelle ». De même, il y a dans l'État un principe de différence comme dans la société civile – mais ce n'est plus une différence irréductible. Dans l'État, l'obéissance aux lois ne repose ni sur le sentiment ni sur le calcul intéressé, mais sur une volonté à la fois réfléchie et désintéressée. On ne naît pas citoyen, on le devient en choisissant d'agir conformément aux lois par patriotisme. En outre, l'État est un produit de l'histoire, le résultat d'une activité d'autotransformation. Bref, si la famille est donnée, l'État est quant à lui appuyé sur un principe intérieur « su et voulu » – ce qui fait de lui une institution libre.

LA FAMILLE

La famille représente, dans l'économie de la vie éthique, le moment de la « naturalité » – la naturalité étant chez Hegel, comme on l'a dit au chapitre III, une notion à la fois structurale et thématique au sens où elle exprime le caractère immédiat du moment considéré et son inscription dans le sensible. En l'occurrence, la famille repose sur le sentiment inné de l'amour et assure la reprise, sur un mode proprement éthique, des processus biologiques de l'union des sexes (dans le mariage) et de la procréation (dans l'éducation des enfants). La famille est immédiate au sens où elle est le donné originaire de la *Sittlichkeit*, car c'est en elle que les individus naissent à la vie éthique. L'inscription dans la naturalité se marque aussi par la multiplicité et la mortalité des familles, qui disparaissent, quand les enfants sont émancipés, avec la mort des époux : comme on le constate, tout en relevant d'un autre plan, les limites de la famille rappellent celles de l'existence biologique.

Il reste que la famille, pour Hegel, est une institution qu'il faut examiner du point de vue de la volonté commune de ses membres. Il y a un esprit général de la famille, même si celui-ci n'existe pas indépendamment de ceux-ci (à la différence, par exemple, du pouvoir étatique, qui est assuré par des gouvernants se distinguant des citoyens quelconques). Plus précisément, chaque membre de la famille – le père, la mère, chaque fils, chaque fille… – incarne l'esprit familial selon son statut, et, à ce titre, possède des droits et des devoirs propres. Chacun bénéficie alors du bonheur lié à son appartenance familiale, et contribue, pour la part qui lui revient, à la conservation du tout.

Le mariage

Comme relation éthique, le mariage est un devoir (Hegel a d'ailleurs des mots très durs à l'encontre du célibat monastique, dont il note qu'il a pour effet d'hypertrophier l'importance de ce qu'il prétend rendre secondaire). Le mariage est une institution *sui generis*, qui se subordonne tout autant l'inclination amoureuse que les aspects proprement juridiques du contrat de mariage. Dans une remarque, l'auteur des *Principes* dénonce la conception du mariage de Kant, pour qui le mariage n'est qu'un contrat civil [1], et celle de Frédéric Schlegel qui, dans *Lucinde*, présente le mariage comme fondé sur le seul amour. Certes, dit Hegel, l'amour est le point de départ de tout mariage. Toutefois, dans le mariage, la passion amoureuse doit se dépasser dans une union de plus haut rang, à savoir le « libre consentement des personnes, en l'occurrence le consentement à constituer une seule personne, à renoncer à leur personnalité naturelle et singulière dans cette unité-là » [2]. Significativement, dans une autre remarque, Hegel polémique contre ceux qui considèrent que l'acte civil du mariage serait superflu, et que l'on pourrait s'en dispenser puisque seul importerait le sentiment amoureux : il n'en est rien, répond-il, dans la mesure où la procédure exprime l'élément éthique de l'amour et le caractère subordonné du penchant naturel.

Il reste que le mariage, dans la mesure où il ne relève que de la naturalité de la vie éthique, est fragile et peut être annulé. En effet, parce qu'il n'a sa réalité que dans l'intériorité du sentiment – même si celui-ci est un sentiment

---

1. Voir Kant, *Métaphysique des mœurs*, § 24-27, Ak. VI, 277-280, trad. t. 3 p. 536-539.
2. *PPD*, § 162, *W* 7, 310, trad. [2003] p. 262.

décidé – nul lien juridique ne peut maintenir unis des époux qui se comportent l'un à l'égard de l'autre de manière hostile : « Le mariage peut être dissous, parce qu'il ne repose que sur l'affection subjective contingente. L'État, par contre, n'est pas soumis à la séparation, car il repose sur la loi. »[1]

Le patrimoine de la famille et l'éducation des enfants

Après le moment abstraitement subjectif de l'unité intérieure des époux, on passe à l'inscription de la famille dans le monde extérieur, sous la figure du patrimoine. Il s'agit d'une propriété, mais d'une propriété familiale, de sorte que les règles du droit abstrait font ici l'objet d'une *Aufhebung* : nul membre de la famille ne dispose d'une part de patrimoine qui lui serait propre, mais chacun a un droit sur la propriété commune.

Le troisième moment est celui de l'éducation des enfants. Alors que l'union formée par les époux, qui concerne des individus toujours déjà là et reste cantonnée aux sentiments, est abstraitement subjective, et que le patrimoine n'est que l'objectivité extérieure de la famille, les enfants, dont l'esprit est en quelque sorte l'œuvre des parents, constituent le moment de l'union du subjectif et de l'objectif. Ainsi, par cette éducation, la famille assure la perpétuation de son esprit et rend compte d'elle-même. Alors que la volonté familiale est en quelque sorte présupposée chez les époux et, dans la gestion du patrimoine familial, livrée à la contingence extérieure, elle est ici activement produite. Certes, la naturalité de la famille implique que cette éducation ne produira son plein effet

---

1. *PPD*, Add. du § 176, *W* 7, 330, trad. [1989] p. 210.

que dans d'autres familles, celles que les enfants, sortant de la clôture initiale, iront fonder à leur tour[1]. Néanmoins, l'éducation des enfants est le moment de l'autofondation de la famille.

Il y a un droit à l'éducation – les enfants ayant même droit à ce que le patrimoine familial serve aux dépenses liées à leur éducation[2]. Et, si les parents peuvent imposer à leurs enfants certains services, ceux-ci doivent se limiter au travail qu'exige la conservation du patrimoine commun. Bien entendu, un enfant ne peut en aucun cas être traité comme un esclave, comme le voulait injustement la coutume romaine[3].

On ne saurait trop insister sur l'importance de l'idée d'éducation dans les Lumières et le romantisme allemand, courants dont Hegel se montre ici l'héritier. L'enjeu est de faire advenir l'individu à lui-même. Pour l'auteur des *Principes*, le moment familial n'est certainement pas le fin mot de l'éducation, car, dans la famille, on en reste au « sentiment sans opposition ». L'éducation familiale doit donc être prise en relais par celle qu'assurent la société civile (qui fait de l'individu un membre de tel ou tel « état » socio-économique) puis l'État (qui fait de l'individu un citoyen). Mais le moment familial est bien le commencement de l'éducation. Toutefois l'éducation familiale a elle-même des étapes : la première s'opère intégralement dans le cercle familial et est dominée par la mère, tandis que la seconde a lieu à l'école et tend à rendre l'enfant indépendant

1. Voir *PPD*, § 173, *W* 325-326, trad. [2003] p. 270.
2. Voir *Rechtsphilosophie*, hrsg. von K.H. Ilting, 4, 457. La même *Leçon* affirme que « la société civile a le droit et le devoir d'obliger les parents à envoyer leurs enfants à l'école » (4, 602-603, cité par D. Losurdo, *Hegel et les libéraux, op. cit.*, p. 108).
3. Voir *PPD*, R. du § 175, *W* 7, 328, trad. [2003] p. 271.

et à lui donner une personnalité libre. Comment alors penser l'instruction scolaire ? Hegel se livre, dans la remarque du § 175, à un réquisitoire contre la pédagogie telle qu'elle a été théorisée par Johann Heinrich Pestalozzi (1746-1827). Comme on le sait, Pestalozzi, influencé par Rousseau, encourage une pratique éducative progressive basée sur le jeu. Hegel reproche à cette pédagogie de se complaire dans la puérilité au lieu de rompre avec elle. On a dans cette polémique une parfaite illustration de la pensée hégélienne en général : le commencement d'un processus, quel qu'il soit, est insatisfaisant et le sujet, pour s'accomplir, doit s'arracher à lui. Dès lors, toute conception qui conduit à valoriser le point de départ est à dénoncer.

Toutefois, parce que l'éducation rend les enfants autonomes, elle entraîne la disparition de la famille [1]. Si la famille était une institution concrète, c'est-à-dire complète, à l'instar de l'État, alors son principe unificateur serait capable d'unifier des membres disposant d'une liberté réfléchie. Mais, comme la famille ne repose que sur l'immédiateté du sentiment, les enfants, lorsqu'ils accèdent à une entière maturité, abandonnent leur première famille.

LA SOCIÉTÉ CIVILE

La société civile (*die bürgerliche Gesellschaft*) est un moment de multiplicité. L'homme s'y rapporte à autrui non pas sur le mode de l'amour familial ni sur celui de la co-appartenance à un même État, mais sur le mode de la concurrence et de la défense de ses intérêts égoïstes : « Les individus sont des personnes privées qui ont pour fin leur

1. Voir *PPD*, § 177, *W* 7, 330, trad. [2003] p. 272.

intérêt propre. »[1] Le principe kantien selon lequel on doit traiter autrui non pas seulement comme un moyen mais aussi comme une fin est ici clairement méconnu : « Dans la société civile, chacun est son propre but et toutes les autres choses ne sont rien pour lui. Mais nul ne peut atteindre l'ensemble de ses buts sans entrer en relation avec les autres ; ceux-ci ne sont donc que des moyens en vue de buts particuliers. »[2] Plus précisément, la société civile se caractérise par la contradiction de l'égoïsme et de la dépendance réciproque. Ses membres, les « bourgeois »[3], se rapportent les uns aux autres non pas à partir de ce qu'ils ont en commun, mais à partir de ce qui les distingue, et notamment de leurs conditions socio-économiques (*Stände*) respectives. Ils n'ont pas le souci du bien commun, et il n'y a pas de pouvoir social unitaire qui gouvernerait l'ensemble de la société civile. Par conséquent, la liberté, ici, n'a que le sens négatif de l'indépendance mutuelle – une liberté qui, inévitablement, est alors limitée par autrui. Par opposition à la liberté positive qui caractérise l'État, « la liberté n'est conçue que de manière négative, quand […] les sujets juxtaposés limitent leur liberté, de telle sorte que cette limitation commune, cette gêne réciproque [ne] laisse à chacun [qu']une petite place où il peut se laisser aller »[4].

En outre, la valorisation du particulier aboutit à la plus grande détresse. La satisfaction des besoins, dans la société

1. *PPD*, § 187, *W* 7, 343, trad. [2003] p. 282.

2. *PPD*, Add. du § 182, *W* 7, 340, trad. [1989] p. 215.

3. Voir *PPD*, R. du § 190, *W* 7, 348, trad. [2003] p. 287. La distinction entre le bourgeois (*der Bourgeois*) et le citoyen (*der Bürger*) apparaît dès l'opuscule de 1801, *Des manières de traiter scientifiquement du droit naturel*, *W* 2, 494, trad. p. 68.

4. *RH*, éd. p. 111, trad. (mod.) p. 135.

civile, est essentiellement partielle. En effet, comme le besoin est matériel, donc particulier, le bien-être qui lui est lié ne peut être que provisoire. En outre, il est dépendant des circonstances extérieures. Enfin, le besoin humain est en proie à la démesure. Alors que les appétits des animaux sont prédéfinis et fixes (et à cet égard faciles à contenter), l'homme voit le cercle de ses désirs s'élargir à mesure qu'il peut les satisfaire[1]. Et ceci alors même que la concurrence réciproque aboutit, chez certains, à la misère et à l'impossibilité de satisfaire leurs besoins – une misère qui ne semble pas non plus connaître de limite[2]. C'est pourquoi « la société civile, dans ces oppositions et leur complication, offre le spectacle du dérèglement, de la misère, ainsi que de la corruption physique et éthique »[3].

Cela signifie-t-il, cependant, que la société civile serait un état de nature ? Même si les formulations de Hegel sont parfois radicales (ainsi : « la société civile est le champ de bataille de l'intérêt privé individuel de tous contre tous »[4]), ce n'est pas le cas, ou plutôt la société civile n'est un état de nature qu'en un sens analogique. De manière générale en effet, chez Hegel, le deuxième moment est la négation du premier, mais non pas la sortie hors du cycle systématique dans lequel celui-ci s'inscrit. La société civile reste donc un moment éthique, et les hommes, en elles, obéissent à des règles. Nous n'avons affaire ni à la violence pure ni au libre jeu des pulsions naturelles. Par exemple, comme on le verra dans le moment du « système des besoins », les désirs des individus sont issus de la société elle-même

1. Voir *PPD*, § 185 et son addition, *W* 7, 341-343, trad. [2003] p. 281, [1989] p. 217.
2. Voir *PPD*, Add. du § 185, *W* 7, 343, trad. [1989] p. 217.
3. *PPD*, § 185, *W* 7, 341, trad. [2003] p. 281.
4. *PPD*, R. du § 289, *W* 7, 458, trad. [2003] p. 388.

et éminemment raffinés. Certes, Hegel critique fortement
la société civile : néanmoins, pour lui, rien en elle n'est
véritablement attentatoire à la liberté ni à la dignité des
hommes.

Face à la théorie hégélienne de la société civile, on
songe, bien évidemment, à la thèse de l'ajustement des
intérêts égoïstes chez Adam Smith. Pour l'auteur de la
Richesse des nations, si l'homme a besoin du secours de
ses semblables, toutefois il ne l'attend pas de leur
bienveillance mais de leur intérêt. En effet, à tout service
donné répond un service rendu, de sorte que tous les
hommes profitent du travail de chacun[1]. On ne reviendra
pas sur le concept de « main invisible » ni sur les difficultés
de son interprétation. Notons simplement que Hegel, sans
citer ce dernier concept, se réfère explicitement, dans les
Principes, à l'idée smithienne d'un équilibre des échanges
qui satisfait l'ensemble des intérêts particuliers. L'activité
économique, dans le « système des besoins », repose par
définition sur la poursuite de buts individuels. En même
temps, quelque chose d'universel s'affirme dans l'activité
économique. Il y a là une « nécessité qui intervient d'elle-
même »[2]. En effet, « chacun, en acquérant, en produisant
et en jouissant pour soi, produit et acquiert en cela même
pour la jouissance des autres »[3]. L'activité économique
relève de l'entendement – au sens du régime de la différence
– dans la mesure où, pour la rendre efficace, le sujet ne
peut en rester à la simplicité intellectuelle et pratique de
l'économie domestique, mais doit s'insérer dans le monde
complexe de l'économie « bourgeoise ». Toutefois, le texte

---

1. Voir A. Smith, *Recherches sur la nature et les causes de la richesse
des nations* (1776), I, 2, trad. Paris, GF-Flammarion, 1991, t. 1, p. 82.
2. *PPD*, Add. du § 189, *W* 7, 347, trad. [1989] p. 220.
3. *PPD*, § 198, *W* 7, 353, trad. [2003] p. 291.

souligne qu'il n'y a alors qu'une « apparence de rationalité » (*Scheinen der Vernünftigkeit*)[1]. En effet, les besoins et la production s'ajustent, mais de manière itérative et à chaque fois seulement partielle.

Cependant la société civile se borne-t-elle à assurer la satisfaction matérielle des individus ? Non, car elle est aussi un lieu de formation individuelle[2]. L'homme s'y objective, au sens où il ne se définit plus par ce qu'il est naturellement, à savoir un membre de telle ou telle famille, mais par son rapport au monde extérieur, celui du travail et des normes civiles. Il modifie le monde en le rendant conforme à lui : « Il n'a affaire qu'à ce sur quoi il a apposé son sceau et à ce qui est produit par lui. »[3] Mais, par là, il se modifie lui-même en acquérant un pouvoir sur le monde, ainsi que des droits et des devoirs à son égard.

La société civile comprend trois moments : *a)* « le système des besoins », moment de la constitution des besoins et de leur satisfaction par le travail. Ce moment est unilatéralement subjectif, dans la mesure où il ne concerne que les hommes, indépendamment de toute institution ; *b)* « l'administration du droit », moment de la loi et du tribunal. Ce moment est unilatéralement objectif, dans la mesure où il concerne les institutions en tant qu'elles s'opposent aux hommes ; *c)* « la police et la corporation », moment de l'organisation institutionnelle du bien-être et de la production. Ce moment est concret dans la mesure où l'institution, ici, tend à assurer la satisfaction des individus.

---

1. *PPD*, § 189, *W* 7, 346, trad. [2003] p. 285.
2. Voir *PPD*, R. du § 187, *W* 7, 345, trad. [2003] p. 284.
3. *PPD*, R. du § 187, *W* 7, 344, trad. [2003] p. 284.

Le système des besoins

Le système des besoins est lui-même articulé en trois aspects : un aspect unilatéralement subjectif, à savoir le besoin en tant que tel (« le type du besoin et de la satisfaction »); un aspect unilatéralement objectif, à savoir le travail spécialisé de chaque individu (« le type du travail »); enfin l'unification du subjectif et de l'objectif dans l'organisation générale de la production, laquelle repose sur le concours de tous les états professionnels (« la richesse »).

Dans le paragraphe introductif de la section, Hegel affirme son intérêt pour l'économie politique, qui repère les lois qui président aux phénomènes multiples, et en apparence chaotiques, de la production et des échanges. Assurément, elle n'est qu'une science réfléchissante, au même titre que le droit des juristes ou l'histoire des historiens (on peut notamment lui reprocher d'être fascinée par le quantitatif et, corrélativement, trop indifférente aux vraies différences, qui sont qualitatives). Néanmoins, elle constitue pour le philosophe un matériau indispensable.

a) Le besoin tel qu'il est examiné dans le premier moment est essentiellement social. Certes, Hegel note que le besoin a aussi une dimension naturelle, qui relève de la « contingence extérieure » du corps. Mais le besoin spirituel, qui procède de la « représentation », permet à l'homme de se libérer de cette contingence – et ceci quand bien même la représentation en question n'est encore qu'« opinion » et « arbitre »[1] et, de ce fait, ne permet qu'une libération inchoative. D'un côté, l'homme est dans une situation moins avantageuse que l'animal, car ses

---

1. Voir *PPD*, § 194, *W* 7, 350, trad. [2003] p. 288.

besoins sont plus difficiles à satisfaire. De l'autre, ses besoins, en tant que spirituellement déterminés, sont supérieurs à ceux de l'animal [1]. La remarque du § 194 critique la conception de type rousseauiste selon laquelle, dans l'état de nature, l'homme aurait été libre précisément parce que ses besoins auraient été naturels et, de ce fait, aisés à assouvir. Tout au contraire, répond Hegel, la liberté procède de la réflexion du spirituel sur lui-même et de sa distinction d'avec le naturel. Une illustration paradoxale de cette analyse est fournie par Diogène et par son comportement d'un naturalisme provocateur. Contrairement à ce que l'on pourrait croire, cette conduite est un effet de la vie sociale athénienne, dont elle n'est que le reflet paradoxal. Le cynisme n'est pas originaire, bien plutôt il se détermine par opposition au raffinement [2].

Qu'y a-t-il alors de social dans les besoins ? Ceux-ci, dans la société civile, se multiplient parce qu'ils sont engendrés par l'opinion, et se divisent parce que l'homme, pour satisfaire un besoin quelconque, agit par étapes – des étapes auxquelles correspondent autant de besoins relatifs à satisfaire. En outre, les besoins se transforment de manière à s'ajuster aux activités d'autrui permettant leur satisfaction. Par exemple, je ne mangerai commodément que si j'accepte de prendre mes repas à la même heure que les autres membres de la maisonnée, je ne me vêtirai aisément que si j'accepte d'adopter une tenue « standard », etc. [3]. C'est ainsi qu'à travers le besoin, l'individu sort de sa particularité naturelle pour s'universaliser. Par là-même, il se constitue comme homme en général : « C'est donc ici la première

---

1. Voir *PPD*, § 190, *W* 7, 347-348, trad. [2003] p. 286.
2. Voir *PPD*, Add. du § 195, *W* 7, 351, trad. [1989] p. 223.
3. Voir *Rechtsphilosophie*, hrsg. von K.H. Ilting, 3, 595.

fois, et à proprement parler aussi la seule, qu'il est en ce sens question de l'homme. » [1] Le besoin est une composante de la culture, il permet à l'homme de s'objectiver.

b) Le deuxième moment porte sur la production des moyens permettant de satisfaire les besoins humains. Alors que le besoin est subjectif, le travail transforme objectivement le monde – et plus précisément « le matériau livré immédiatement par la nature » [2]. Il est ici question du travail segmenté en une multiplicité de tâches spécialisées qui s'additionnent les unes aux autres. Nous sommes en effet dans le moment de la scission. Deux implications de cette spécialisation sont examinées. En premier lieu, Hegel souligne le fait que, formant la matière, l'homme se forme lui-même. Il cultive à la fois sa connaissance et son savoir-faire. Conjuguant des thèmes aristotéliciens et kantiens, le texte montre l'importance de la discipline, qui confère au travailleur son habileté. En second lieu, et de manière plus originale, il examine les effets de cette spécialisation sur la production elle-même. Le travail se fait plus rapidement, les quantités augmentent, et l'activité devient automatique au point que l'homme peut se faire remplacer par une machine. Y a-t-il ici une critique de la part de Hegel? Oui, au sens où l'activité laborieuse, telle qu'elle est ici présentée, ne peut être ni complète ni indépendante. En revanche, il serait difficile de voir ici la nostalgie d'une organisation du travail révolue, ou l'anticipation d'un bouleversement à venir.

c) Le troisième moment, « la richesse », est celui du travail organisé. On ne considère plus le travail isolé et fragmenté de chaque travailleur mais leur coopération.

---

1. *PPD*, R. du § 190, *W* 7, 348, trad. [2003] p. 287.
2. *PPD*, § 197, *W* 7, 351, trad. [2003] p. 290.

Ainsi se forme une « universalité » du travail, une « nécessité » – même si cette universalité existe ici non pour elle-même (comme existera, plus loin, la corporation), mais seulement sous la forme de l'enchaînement des activités particulières : « L'égoïsme subjectif se renverse en contribution à la satisfaction des besoins de tous les autres, – en médiation du particulier par l'universel en tant que mouvement dialectique. » [1] La richesse n'est pas autre chose que l'enchevêtrement des contributions particulières à la production des biens. Dans la société moderne, « il y a division de l'activité, dont chacun n'a qu'une portion ; il en est comme dans une fabrique, où aucun individu ne fait une chose dans sa totalité, mais seulement une partie, où aucun ne possède les autres habiletés, et où quelques-uns seulement effectuent l'assemblage » [2]. Cette contribution peut s'analyser, respectivement, en apport de capital et apport d'habileté. Hegel insiste alors sur ce qui lui apparaît comme l'inévitable inégalité des fortunes et des aptitudes. Cette inégalité a quelque chose de naturel, mais elle est renforcée par la culture qui conduit certains à développer plus que d'autres leurs talents et leur patrimoine. Par ailleurs, comme nous en sommes au troisième moment du système des besoins, les sujets intervenant dans l'organisation du travail ne sont plus des individus singuliers mais des unités collectives articulées, à savoir les états professionnels. Hegel propose alors une présentation tripartite de ces états :

1) Le premier est l'état substantiel ou immédiat. Il s'agit des *cultivateurs* – propriétaires et exploitants mêlés – dont Hegel dépeint la mentalité. Le travail de la terre ne produit pas d'effets immédiats (chaque étape du travail

---

1. *PPD*, § 199, *W* 7, 353, trad. [2003] p. 291.
2. *LHP*, *W* 19, 227-228, trad. t. 3 p. 592-593.

ayant sa saison propre), et suppose de se projeter dans le futur, de sorte qu'on n'œuvre pas pour soi seul mais pour le patrimoine familial. En outre, ce travail dépend de conditions naturelles contingentes, si bien que la vie agricole suppose une certaine foi dans la bienveillance de la terre : les produits du travail, en quelque sorte, ne sont pas produits mais reçus. Ainsi, le monde rural repose sur un modèle familial et a pour disposition d'esprit propre la confiance[1]. Ce qui, politiquement, se traduit par la soumission[2]. Du point de vue de l'organisation systématique, il est inutile de souligner à quel point nous sommes ici dans l'immédiateté et la naturalité première.

2) Le deuxième état est celui de l'*entreprise*, qui se consacre à la transformation des produits naturels. Pour Hegel, à la confiance de l'agriculteur se substitue ici la réflexion de l'entrepreneur, qui se représente abstraitement l'objet fini avant de commencer à le produire. On distinguera plus précisément les artisans, qui exécutent des travaux singuliers, chacun répondant à une demande individuelle (moment de la réalité immédiate) ; les fabricants, qui produisent en masse (moment de la réalité élevée à la généralité) ; et les commerçants, qui ne produisent pas d'objets concrets mais se consacrent aux échanges, et plus précisément aux échanges médiatisés par l'argent comme étalon universel de valeur (moment de l'idéalité). Alors que les agriculteurs ont une inclination à la soumission, les entrepreneurs tendent à la liberté.

3) Le troisième état est celui des fonctionnaires. Il a une dimension universelle (au sens de principe de totalisation) dans la mesure où les fonctionnaires œuvrent,

---

1. Voir *PPD*, Add. du § 203, *W* 7, 356, trad. [1989] p. 227.
2. Voir *PPD*, Add. du § 204, *W* 7, 357, trad. [1989] p. 228.

non pour la satisfaction de leurs besoins personnels, mais pour le bien commun. Dans le moment de la « richesse » cependant, ils ne sont pas considérés du point de vue de leur activité au service de l'État, mais du point de vue de leur mode de subsistance. Leur originalité tient alors à ce qu'ils ne monnaient pas leurs services à ceux qui en bénéficient, mais tirent leurs revenus soit d'une fortune personnelle, soit d'un dédommagement assuré par l'État.

Notons que des qualités spécifiques se développent dans la société civile moderne, à savoir la probité et l'honneur professionnel. Les individus, en effet, n'entrent dans un état et ne s'y maintiennent que par leur activité, leur application au travail et leur habileté. L'estime publique n'est pas ici due à des qualités contingentes (cas oriental) ou strictement individuelles (cas grec) mais à la prise en charge, par l'individu, des devoirs incombant aux membres de son état. Par ailleurs, si les différents états se nient les uns les autres, au sens où ils représentent des étapes opposées de la progression systématique, en revanche il n'y a pas de conflit entre eux. Certes, dans la société civile, ils se rapportent les uns aux autres à titre de moyens. Toutefois, Hegel ne théorise ici aucune exploitation injuste. Si, pour Marx, les classes sont essentiellement antagonistes, pour Hegel, les états professionnels sont complémentaires.

L'administration du droit

Cette section correspond-elle au pouvoir judiciaire? On peut le dire. Mais, plus fondamentalement, elle présente la vie de la loi, considérée en elle-même et dans son rapport aux individus. Ce moment prend en relais des thèmes déjà rencontrés dans celui du crime et du châtiment. Toutefois Hegel souligne avec force ce qui distingue l'une et l'autre sphère, à savoir que la répression des actes délictueux, dans la troisième section du droit abstrait, ne s'opérait pas au nom des lois universelles de la société mais au nom de droits particuliers de propriété [1]. Désormais, en revanche, nous n'avons plus affaire à la relation des hommes avec les biens extérieurs mais à celle des lois avec les hommes. En outre, alors que, dans le moment du crime et du châtiment, la lésion du bon droit se renversait automatiquement en représailles, la sanction est ici librement décidée par le tribunal.

Le point important, donc, est la venue au jour de la loi : « Dans la société civile, le droit en soi devient la loi. » [2] Il n'y a en effet de loi que dans une organisation rassemblant des hommes tels que, pour eux, l'obéissance à la règle ne relève pas du sentiment mais d'un choix délibéré. En même temps, la loi de la société civile est diverse, car elle épouse la multiplicité des besoins et des situations. Elle ne concerne pas le citoyen en général, mais le bourgeois dans la variété de ses appartenances et de ses activités.

On note qu'il n'y a pas ici de réflexion sur l'origine de la loi. Celle-ci est présupposée, et la question n'est que celle de son type d'existence et de son rapport avec les hommes. C'est dans le moment de l'État, troisième sphère du cycle de la vie éthique – donc sphère de l'autofondation –, que l'origine politique de la loi sera thématisée. Dans la société civile, la loi est là, elle est présupposée. C'est pourquoi la science du droit est « historique » et a pour principe « l'autorité », au sens où elle ne peut être déduite mais doit être apprise [3]. Corrélativement, dans la mesure

---

1. Voir *PPD*, § 220, *W* 7, 374, trad. [2003] p. 309.
2. *PPD*, § 217, *W* 7, 370, trad. [2003] p. 306.
3. Voir *PPD*, R. du § 212, *W* 7, 365, trad. [2003] p. 302.

où la loi advient en opposition aux individus, elle n'est pas entièrement fondée :

> Les lois et l'administration du droit ont, par un certain côté, un caractère contingent. Cela vient du fait que la loi est une détermination générale, qui doit s'appliquer à un cas particulier. [...] Aucune détermination conceptuelle ne peut, par exemple, fixer adéquatement la valeur quantitative d'une peine et ce qui sera décidé à ce sujet sera toujours arbitraire. Cette part de contingence est pourtant elle-même nécessaire. Si l'on en tire un prétexte pour critiquer un code de lois en alléguant que celui-ci est incomplet, on oublie précisément qu'il y a là un aspect qui ne saurait être complet et qu'il faut accepter tel qu'il est[1].

Alors que la constitution – l'organisation de l'État – est essentiellement légitime dans la mesure où elle procède du tout de l'État, les lois de la société civile entretiennent un rapport d'opposition aux hommes et entre elles-mêmes : c'est pourquoi nulle loi n'est absolument justifiée. Si maintenant on compare la loi telle qu'elle advient dans la société civile avec les normes de la famille et de l'État, deux remarques peuvent être faites : *a)* Dans la famille, la règle est inscrite dans le cœur des individus. Désormais, elle existe de manière indépendante. Elle accède donc à la manifestation au sens fort du terme. *b)* Dans l'État, la règle est le principe immanent de la liberté des hommes. Ici, elle n'est encore que le principe de répression de leurs actes arbitraires.

Trois moments sont successivement considérés par le texte : d'abord l'existence des lois en tant que telles (moment

---

1. *PPD*, Add. du § 214, *W* 7, 367, trad. [1989] p. 235. Voir aussi § 212, *W* 7, 364, trad. [2003] p. 302.

de l'immédiateté), puis leur manifestation publique (moment de l'opposition), et enfin l'activité par laquelle elles s'imposent face à ce qui les contredit (moment de la réalisation effective).

a) Le premier moment a pour objet le droit en tant que loi (*Gesetz*), c'est-à-dire en tant que posé (*gesetzt*). Il ne s'agit pas ici d'un jeu de mots facile mais de la reprise d'un schème essentiel à l'hégélianisme. En effet, l'objectivation consiste, pour Hegel, dans la transformation par laquelle une détermination quelconque, initialement close sur elle-même et impuissante, en vient à s'imposer et à produire des effets extérieurs. Précisément, la loi représente l'objectivation du droit en général, au sens où elle n'est pas passivement reçue (comme l'est par exemple une coutume), mais activement assumée. Par là, elle se rend univoque et capable de vaincre les intérêts subjectifs des individus : « Du fait que le droit est posé et connu des hommes, tout ce qu'il y a de contingent dans le sentiment ou l'opinion, la forme de la vengeance, de la pitié, de la recherche de l'intérêt personnel, tout cela disparaît et le droit obtient alors sa véritable destination et peut être honoré. » [1]

Il y a loi lorsque le droit est « pensé » sur un mode universel, c'est-à-dire quand il est connu non pas de manière intuitive et désordonnée mais de manière discursive et organisée. Dans la première hypothèse, on a affaire à des prescriptions juridiques qui, en raison de leur caractère « informe », « indéterminé » et « lacunaire » [2], ne sont connues que de façon « subjective » et « contingente »,

---

1. *PPD*, Add. du § 211, *W* 7, 364, trad. [1989] p. 232. Voir aussi *PPD*, § 219, *W* 7, 374, trad. [2003] p. 308.

2. *PPD*, R. du § 211, *W* 7, 362, trad. [2003] p. 300.

tandis que, dans la seconde, on a affaire à un « système cohérent »[1]. Hegel se livre ici à une apologie du code de lois. Celui-ci est un droit entièrement voulu pour lui-même et comme tel valide. Assurément, le code n'est pas un système spéculatif. Il n'est qu'un système d'entendement, au sens où il ne se développe pas de lui-même ni en vertu d'un principe immanent de totalisation. Néanmoins, en tant qu'ensemble de règles connues et explicitement voulues, il est préférable aux normes obscures et simplement reçues de la tradition.

b) Le deuxième moment est celui de l'existence publique de la loi. Par rapport au moment précédent, il y a donc passage de l'existence simplement intérieure des lois à leur existence extérieure. Précisément, le texte met en avant l'exigence que le public dispose d'un plein accès aux lois. On retrouve ici un thème hégélien classique : ce qui est véritable se manifeste comme tel dans l'expérience, l'idée d'une réalité à la fois effective et occultée est contradictoire dans les termes. À l'éloge du code comme système organisé des lois qu'on trouvait dans les textes antérieurs s'ajoute maintenant un éloge de leur caractère public et, corrélativement, une dénonciation des souverains ou des régimes qui tendent à occulter les lois ou à en réserver la connaissance aux hommes de l'art. Au point où nous en sommes cependant, si la loi est manifeste, elle n'est pas encore agissante.

c) Le tribunal est l'institution qui assure l'application de la loi, c'est-à-dire permet à la norme générale de se faire valoir face à l'acte particulier. En sanctionnant les actions illégales, il remédie aussi bien à l'intériorité abstraite de la loi (premier moment de l'administration du droit)

1. *PPD*, Add. du § 211, *W* 7, 364, trad. [1989] p. 232.

qu'à l'opposition extérieure de la loi et de l'arbitraire des hommes (deuxième moment).

Toute l'analyse de Hegel tend à établir que la vie juridictionnelle existe dans l'élément de l'universel. Les débats, au cours des audiences, ont pour assise des droits qui, par définition, valent pour des classes entières d'individus. Plus encore : les droits ne sont pas simplement revendiqués mais doivent être prouvés, c'est-à-dire établis au moyen d'arguments généraux. De même, les faits reprochés doivent être appréhendés à partir de catégories générales. Enfin, le prévenu, quand il est condamné, doit pouvoir être d'accord avec la sentence. (À cette fin, note Hegel, le langage du tribunal ne doit pas être ésotérique et il est souhaitable que certains membres du jury appartiennent à la même condition sociale que l'accusé.)

L'auteur des *Principes* insiste alors sur l'importance de l'accessibilité du tribunal (tout homme doit pouvoir le saisir) et, corrélativement, sur l'obligation qu'il y a d'obéir à ses injonctions et de renoncer à toute justice privée [1]. Allons plus loin : de nos jours, le prince doit reconnaître la prévalence du tribunal pour ce qui concerne ses affaires privées. Certes, cette primauté n'a de sens qu'à propos d'affaires relatives à la société civile puisque, comme on le verra, en matière politique, nul pouvoir n'est limité par un autre pouvoir. Il est néanmoins remarquable que Hegel, si attaché à la préséance royale, souligne ce point : « Généralement, dans les États libres, [le prince] perd ses procès. » [2]

---

1. Voir *PPD*, § 221, *W* 7, 375, trad. [2003] p. 309.
2. *PPD*, Add. du § 221, *W* 7, 375, trad. [1989] p. 240. On songe ici à l'anecdote du conflit entre Frédéric II et un meunier, auquel le roi de Prusse demandait de raser son moulin, au motif qu'il enlaidissait le

Néanmoins, l'auteur des *Principes* souligne que la certitude, quant aux faits, ne repose que sur le serment prêté par les individus ayant part aux affaires judiciaires, et que la décision du juge ne s'appuie que sur une conviction subjective. La décision du tribunal est donc fragile : « La méthode [du tribunal] […] conduit à des demi-démonstrations. »[1] De même, le fait que nous soyons dans la société civile implique le fractionnement de l'activité juridictionnelle. En particulier, Hegel note que cette activité est menacée par le formalisme, au sens où les arguments utilisés par l'une ou l'autre partie peuvent être sans vrai rapport avec la chose même.

LA POLICE ET LA CORPORATION

La troisième grande section du texte sur la société civile présente l'intervention de la puissance publique dans l'activité économico-sociale et l'avènement des organisations professionnelles. Dans le premier moment, celui du « système des besoins », les agents économiques produisaient et échangeaient de manière purement horizontale, sans aucune instance de régulation de leur activité. Au contraire, dans le deuxième moment, celui de « l'administration du droit », l'institution juridictionnelle s'opposait frontalement aux individus tentés par l'activité délictueuse. Ici nous voyons apparaître des institutions qui organisent et dirigent l'activité économico-sociale.

---

paysage visible depuis les fenêtres de Sans-Souci. L'homme avertit le roi qu'il pourrait saisir les tribunaux de Berlin pour obtenir la reconnaissance de son bon droit, de sorte que Frédéric II, dit-on, renonça à ses exigences.

1. *PPD*, R. du § 227, *W* 7, 379, trad. [2003] p. 313.

a) La notion de « police » (*Polizei*), qui appartient au vocabulaire administratif allemand classique, désigne en premier lieu les activités de surveillance et de répression des activités potentiellement nuisibles à l'ordre public (Hegel insiste ici sur la difficulté qu'il y a à déterminer quels doivent être précisément les tâches et les pouvoirs de la police : son arbitraire a parfois quelque chose d'odieux, reconnaît-il, mais, comme on ne peut fixer avec assurance la ligne de démarcation entre ce qui est nuisible et ce qui est inoffensif dans les activités des membres de la société, il est tout aussi difficile de tracer une limite claire au pouvoir de la police [1]). Mais la notion déborde également ce registre répressif pour s'étendre à la régulation de la vie économique et sociale : contrôle des marchandises, direction des travaux publics, organisation du système de santé, etc. Il ne s'agit pas, pour l'autorité, de planifier l'économie dans son ensemble, mais de corriger certains de ses dysfonctionnements et d'assurer ponctuellement des missions d'intérêt général. Le débat relatif à ce qu'on nommerait aujourd'hui l'interventionnisme et le libéralisme est explicitement mentionné, sans être tranché de manière nette :

> Deux points de vue dominent à ce sujet. Selon le premier, la police doit pourvoir à tout. Selon le second, elle n'a rien à décider, puisque chacun déterminera ses besoins en fonction de ceux des autres. Il est certain que l'individu a le droit de gagner sa vie d'une façon ou d'une autre, mais, d'un autre côté, le public a également le droit d'exiger que les tâches nécessaires soient effectuées de la manière la plus adéquate. Il faut tenir compte de ce double aspect et la liberté d'entreprise ne doit pas être

---

1. Voir *PPD*, Add. du § 234, *W* 7, 383-384, trad. [1989] p. 247.

conçue de telle manière qu'elle mette en danger le bien général[1].

Hegel note en particulier le problème de l'augmentation de la pauvreté, et considère qu'il requiert une intervention de la puissance publique. D'un côté, celle-ci doit obliger les oisifs à travailler et à se préoccuper de leur subsistance, de l'autre cependant, l'augmentation des marchandises, consécutive au surcroît d'activité, peut produire des déséquilibres et accroître encore le nombre des nécessiteux. On retrouve ici la contradiction propre à la société civile : « Malgré l'excès de fortune, la société civile n'est pas assez fortunée, c'est-à-dire qu'elle ne possède pas suffisamment, en la richesse qu'elle a en propre, pour remédier à l'excès de pauvreté et à l'engendrement de la populace. »[2] La colonisation de pays étrangers peut être un remède à la pauvreté, même s'il ne s'agit jamais que d'une solution partielle.

b) En second lieu, la corporation (*die Korporation*) désigne une association de travailleurs. Elle a pour tâche de recruter ses membres et de défendre leurs intérêts. Elle se fonde sur un état d'esprit déterminé, l'honneur professionnel. La corporation constitue un tout, mais un tout ponctuel. À la différence de la famille en son aval, elle n'est pas fondée sur le sentiment mais sur la réflexion. Elle ne repose plus sur des intérêts strictement privés mais sur les intérêts communs de ses membres. Toutefois, à la différence de l'État en son amont, elle ne transcende aucunement ces intérêts.

c) La troisième section de la société civile met l'accent sur les droits qu'a l'individu à l'égard de la société : « Si

---

1. *PPD*, Add. du § 236, trad. [1989] p. 248.
2. *PPD*, § 245, *W* 7, 390, trad. [2003] p. 324.

l'homme est ainsi devenu un membre de la société civile, il n'en a pas moins des droits vis-à-vis d'elle, tout comme il en avait au sein de la famille. Il faut que la société civile protège ses membres, qu'elle défende leurs droits, tout comme l'individu se trouve tenu de respecter les droits de la société civile. »[1] Deux points sont ici à distinguer. D'abord, à l'ère post-antique, il y a un accord de principe entre l'exigence générale et le bonheur particulier, de sorte que toute institution doit favoriser la satisfaction des individus. Ensuite, si l'État est l'institution de la liberté idéelle (c'est-à-dire de l'autodétermination du tout), en revanche la société civile est l'institution du bien-être réel des individus (c'est-à-dire de leur prospérité). La société civile est un moyen au service des individus particuliers, de même que ces derniers sont des moyens à son égard[2]. Nous ne sortons ni des rapports d'instrumentalisation, ni des buts finis.

Les règles de la société civile ne concernent jamais l'ensemble des membres d'un peuple mais, à chaque fois, seulement certains d'entre eux. Ces règles sont celles de l'association (*Gemeinsamkeit*) des individus dans une entreprise commune (précisément, dit Hegel, quand on se représente l'État comme une « union qui n'est qu'une simple association » de différentes personnes, on confond l'État avec la société civile[3]). La totalité n'est ici que relative. On peut également dire que la nécessité, dans la société civile, n'est qu'abstraitement intérieure au sens où la règle ne produit pas d'effets par elle-même, en vertu de

1. *PPD*, Add. du § 238, *W* 7, 386, trad. [1989] p. 249.
2. Voir *PPD*, § 238, *W* 7, 386, trad. [2003] p. 320.
3. Voir *PPD*, Add. du § 182, *W* 7, 340, trad. [1989] p. 215.

son autorité sur la conscience civique des hommes, mais par l'entremise de leurs intérêts bien compris, par exemple au nom de la prospérité qu'elle rend possible [1]. La logique de la société civile est donc essentiellement itérative. Chaque individu forme un anneau dans une chaîne au sens où, sans avoir conscience d'un but d'ensemble mais en remplissant son rôle particulier, il contribue au bien commun [2].

1. Voir *PPD*, § 184 et son addition, *W* 7, 340, trad. [2003] p. 184 et trad. [1989] p. 216.
2. Voir *PPD*, § 187, *W* 7, 343, p. 282-283.

CHAPITRE IX

LE DROIT PUBLIC INTERNE

REMARQUES INTRODUCTIVES

*L'État comme réconciliation
de l'institution et des hommes*

L'État est le moment *effectif* de la vie éthique dans la mesure où, composé d'individus véritablement distincts les uns des autres (à la différence de la famille mais à l'instar de la société civile), il assure leur unité (à la différence de la société civile mais à l'instar de la famille). Il confère en effet à ses membres la volonté de se comporter en citoyens : l'État est « l'effectivité de la volonté substantielle, effectivité que celle-ci possède dans la conscience de soi particulière élevée à son universalité » [1]. Toutefois l'unité étatique ne repose pas, comme la famille, sur la naturalité du sentiment d'amour, mais sur la volonté réfléchie de se conformer aux exigences de l'institution : la volonté civique est une volonté « manifeste, qui se pense et a savoir de soi » [2]. Elle ne relève pas non plus d'un calcul intéressé, comme dans la société civile, mais d'une décision dont le but est immanent.

---

1. *PPD*, § 258, *W* 7, 399, trad. [2003] p. 333.
2. *PPD*, § 257, *W* 7, 398, trad. [2003] p. 333.

L'universalité de la volonté civique signifie-t-elle, cependant, que tous les citoyens d'un même État auraient purement et simplement le même vouloir ? Nullement, car celui-ci se particularise. Ainsi, l'agir du prince, d'un fonctionnaire, d'un député, d'un soldat ou d'un simple citoyen ne peuvent être les mêmes. Néanmoins, quand bien même les actions sont distinctes selon le statut et le rôle de chacun, tous les citoyens d'un État déterminé sont animés du même souci d'obéir aux lois et de promouvoir le bien commun. C'est en ce sens que la volonté de l'État est universelle.

L'État dont parle Hegel ne se définit donc pas d'abord par ses fonctions (par exemple assurer l'ordre et la sécurité, établir les conditions de la prospérité générale, rendre la justice, défendre l'indépendance nationale, etc.), mais par sa disposition d'esprit (*Gesinnung*, par son « intention », pourrait-on dire en termes kantiens), et plus précisément par sa volonté de se conserver en tant qu'État unitaire. Dans la remarque du § 258, Hegel lance une vive polémique à l'encontre des philosophes qui confondent l'État et la société civile, c'est-à-dire assignent à l'État la fonction d'assurer le bien-être privé des hommes. Car l'État, dans les faits, n'a d'autre fin que lui-même : « La réunion (*Vereinigung*) en tant que telle est elle-même le contenu et la fin véritables, et la destination des individus est de mener une vie universelle. » [1] Il peut certes arriver que les hommes utilisent l'État comme un moyen, ou se comportent dans leur vie citoyenne comme s'il s'agissait de la société civile (par exemple, peut-on ajouter, lorsqu'ils font de leurs fonctions politiques un moyen de s'enrichir au lieu de se contenter de la satisfaction immanente qu'on trouve

1. *PPD*, R. du § 258, *W* 7, 399, trad. [2003] p. 334.

dans la vie politique active). Mais c'est là une attitude perverse, que l'État a pour tâche de combattre[1].

C'est parce que l'État est unifiant qu'il peut être dit rationnel[2]. S'agissant de cette affirmation, un certain nombre de confusions doivent être évitées :

a) « Rationnel » ne signifie pas, sous la plume de Hegel, « conforme à une raison calculante », une raison qui ajusterait parfaitement les moyens aux fins poursuivies. La notion de rationalité ne renvoie pas à un modèle d'optimisation des choix et des moyens, mais à un modèle d'unification de composantes distinctes. Dans le cas de l'État, on a affaire plus précisément à celui de l'unification du tout et des individus particuliers : « Abstraitement considérée, la rationalité consiste […] en l'unité de compénétration de l'universalité et de la singularité ; ici, considérée concrètement quant au contenu, elle consiste en l'unité de la liberté objective, c'est-à-dire de la volonté universellement substantielle, et de la liberté subjective, celle du savoir individuel et de la volonté cherchant à atteindre des fins particulières. »[3]

b) La deuxième erreur consisterait à croire que « rationnel » signifierait « affranchi de toute irrationalité ». La rationalité correspondrait alors à une perfection glacée. En réalité, pour Hegel, le rationnel s'obtient non pas en écartant l'irrationnel mais en le maîtrisant, de sorte que l'irrationnel est la présupposition et le terrain de son développement. Ainsi, la volonté unitaire de l'État s'obtient par l'*Aufhebung* de la volonté seulement « bourgeoise » de ses membres – qui elle-même résulte de la négation de

1. Voir *RH*, éd. p. 111, trad. p. 135-136.
2. Voir *PPD*, § 258, *W* 7, 399, trad. [2003] p. 333.
3. *PPD*, R. du § 258, *W* 7, 399, trad. [2003] p. 334.

leur volonté « familiale ». Toutefois, ces volontés pré-civiques menacent toujours de se faire valoir. C'est pourquoi l'État est continûment actif et ne cesse d'engendrer à nouveau sa volonté unitaire à l'encontre des forces de la dispersion et de la clôture sur soi.

c) Enfin, il serait erroné de considérer la rationalité comme une situation d'accomplissement stable, comme une perfection atteinte une fois pour toutes. Si l'État est unitaire, il est néanmoins en devenir. Par exemple, il se développe dans l'histoire en édifiant ses institutions et son empire. Est rationnel, chez Hegel, ce qui se produit soi-même. En définitive, un État est rationnel parce qu'il possède une volonté propre, qui le fait agir comme un tout : la rationalité « consiste quant à la forme en un agir qui se détermine d'après des lois et des principes pensés, c'est-à-dire universels »[1].

La liberté dans l'État

La liberté des hommes, dans l'État, ne doit pas être conçue sur un mode négatif, comme si la liberté de chacun avait pour condition la limitation de la liberté des autres[2] (ce qui est, entre autres, la thèse de Kant[3]). Si l'on adoptait une telle vision, il y aurait une contradiction essentielle entre l'existence civique et la liberté, de sorte que le vrai lieu d'accomplissement de l'homme serait l'état de nature. Mais cette thèse a pour défaut d'identifier la liberté et l'indépendance, laquelle n'est que la forme « réflexive » de la liberté. Bien plutôt, comme on le sait, la liberté

---

1. *PPD*, R. du § 258, *W* 7, 399, trad. [2003] p. 334.
2. Voir *RH*, éd. p. 111, trad. p. 135-136.
3. Voir Kant, *Métaphysique des mœurs*, Introduction, Ak. 6, 230, trad. t. 3, p. 479.

véritable consiste pour Hegel à être chez soi dans son autre, c'est-à-dire à entretenir avec lui une relation d'*Aufhebung* et ainsi à se reconnaître en lui. Or les individus sont « chez eux » dans la loi étatique, puisqu'elle est l'œuvre de leur volonté[1]. Précisément, dit Hegel, à notre époque les hommes refusent d'être les jouets de l'institution mais exigent qu'elle corresponde à leur conception de la justice : « L'homme ne s'en tient pas à ce qui est donné dans l'existence, mais il affirme, au contraire, avoir en lui la mesure de ce qui est juste. Il peut sans doute être soumis à la nécessité et à la domination d'une autorité extérieure, mais il ne l'est pas comme dans le cas de la nécessité naturelle, car son intériorité lui dit toujours comment les choses doivent être, et c'est en lui-même qu'il trouve la confirmation ou la désapprobation de ce qui est en vigueur. »[2] L'obéissance à la loi ne peut être contrainte, elle doit correspondre à une adhésion intérieure, qui ménage la possibilité du dissentiment et de la contestation. Se comporter en patriote est certes un devoir – mais ce n'est justement qu'un devoir[3].

Néanmoins, dans l'État post-antique, l'intégration ne se réduit pas au patriotisme des citoyens qui obtempèrent librement aux lois. Elle signifie en outre que l'État reconnaît aux hommes le droit de poursuivre leurs buts individuels : « Le droit des individus à leur particularité est également contenu dans la substantialité éthique, car la particularité est le mode extérieurement apparaissant sous lequel

---

1. Voir *PPD*, § 268, *W* 7, 413, trad. [2003] p. 350.
2. *PPD*, Préface, *W* 7, 16, trad. [1989] p. 48.
3. Voir *Propédeutique philosophique*, premier cours, § 56-57, *W* 4, 266, trad. M. de Gandillac, Paris, Minuit, 1963, p. 75-76.

l'élément éthique existe. »[1] L'État ne prohibe donc nullement la défense des intérêts personnels des individus. En premier lieu, il admet la promotion de ces intérêts en dehors de lui-même, par exemple dans la vie familiale et bourgeoise. Mais, en second lieu, il l'admet en lui-même, quand par exemple les hommes s'opposent les uns aux autres pour accéder aux postes politiques. Toutefois les concurrents, ici, doivent partager la même disposition d'esprit patriotique. La lutte, quoique bien réelle, a alors lieu sur fond d'un souci partagé pour le bien commun[2].

On pourrait cependant s'étonner que l'extraordinaire valorisation par Hegel de la liberté politique s'accompagne, de sa part, du rejet de la démocratie grecque. Pourquoi considère-t-il qu'elle ne convient pas aux hommes d'aujourd'hui et que la monarchie post-antique lui est supérieure ? La démocratie grecque, pour l'auteur des *Principes*, est liée à des conditions anthropologiques précises et se paie d'un certain nombre d'inconvénients. Il la voit comme un régime dans lequel les individus s'accordent immédiatement sur le bien commun et s'y conforment non moins spontanément. Chez les Grecs, « les lois existent sur le mode de la nécessité naturelle »[3]. Cette situation est permise par l'excellence naturelle des hommes, mais a pour corollaire leur dépendance à l'égard des oracles (qui les dispense de trouver librement en eux-mêmes le principe de leur action) et du travail servile (qui leur permet de se tenir à l'écart de toute activité prosaïque, mais les empêche du même coup de se constituer en une société civile différenciée) : « Les citoyens n'ont pas encore

---

1. *PPD*, § 154, *W* 7, 304, trad. [2003] p. 258. On doit à J.-Fr. Kervégan d'avoir intensément mis ce point en évidence. Voir notamment la quatrième partie de son ouvrage *L'Effectif et le rationnel*, Paris, Vrin, 2007, p. 309 *sq.*
2. Voir *PPD*, R. du § 302, *W* 7, 472, trad. [2003] p. 401.
3. *LPH*, *W* 12, 308, trad. (mod.) p. 194.

conscience du particulier, ni par conséquent du mal ; en eux n'est pas brisée la volonté objective. »[1] À l'opposé, la liberté concrète des Européens de l'époque post-antique signifie que leur patriotisme doit s'accorder avec le souci de leurs intérêts particuliers. Un patriote moderne est un individu qui défend ses intérêts tout en se conformant aux principes généraux de son État et, par là-même, assure son développement[2]. Dès lors, la décision politique suppose des étapes, car elle doit intégrer le bien commun de l'État et les intérêts particuliers des individus, sans cependant se réduire ni à l'un ni aux autres.

C'est cela qu'exprime le caractère « concrètement subjectif » de la constitution moderne. La loi, alors, n'a rien de « naturel », mais s'engendre processuellement par la négation de la volonté unilatérale de l'État et des penchants égoïstes des individus. Faut-il déplorer la perte de l'excellence grecque et donc de la démocratie ? Non, répond Hegel. Car il est meilleur de se rendre vertueux par une décision délibérée et en se conformant aux principes d'un État ouvert à la différence, que d'être vertueux simplement par instinct et par conformité aux principes d'une cité « naturellement » homogène[3].

La critique du contrat social

La remarque du § 75, dans le droit abstrait, contient une dénonciation des théories politiques du contrat. Alors que de nombreux auteurs modernes font du passage de l'état de nature à l'état civil – quels que soient par ailleurs son historicité et son contenu précis – le point clé de l'évolution historique, ou au moins le concept essentiel à

1. *Ibid.*
2. Voir *Enc.* III, Add. du § 95, *W* 10, 84-85, trad. p. 438-439.
3. Voir *LPH*, *W* 12, 311-312, trad. p. 195-196.

partir duquel penser la politique, Hegel rejette toute idée de contrat à propos de l'État. Cette théorie lui semble inacceptable tant du point de vue normatif de la politique que du point de vue factuel de l'histoire : l'État ne doit pas reposer sur une simple conjonction de volontés particulières – et d'ailleurs jamais quelque chose comme le passage de l'état de nature à l'état civil n'a eu lieu à strictement parler, puisque tout peuple inscrit dans l'histoire possède, dès l'origine, une organisation politique.

Hegel adresse principalement deux critiques à la théorie du contrat social : en premier lieu, elle est aveugle au fait que l'unité politique procède non de la masse mais d'un vouloir commun présupposé ; en second lieu, elle méconnaît le fait que le passage, dans l'État, ne mène pas d'une absence d'État à un État présent, mais d'un État « immédiat » à un État « effectif ». Ces deux reproches reposent sur le même principe théorique, à savoir que le commencement est déjà la « chose même », quoique sur un mode immédiat.

a) Pour le premier point, dans la théorie du contrat social telle que Hegel l'interprète, l'unité procède du multiple : le *vulgus* multiple renoncerait spontanément à lui-même pour se constituer en *populus* unifié[1]. À cela, Hegel objecte que si le multiple est vraiment tel, il ne peut produire qu'une unité *apparente*. Car il est impossible de constituer une identité à partir de la seule altérité. Dans la mesure où, par hypothèse, l'état civil provient d'un accord entre individus, sa cohérence ne peut relever que du mauvais infini[2].

Cela signifie-t-il, alors, que l'État serait sans genèse ? Une telle conséquence serait surprenante, puisque

1. Voir *PPD*, R. du § 29, *W* 7, 30-31, trad. [2003] p. 138, et *Enc.* III, R. du § 544, *W* 10, 341, trad. p. 321-322.
2. Voir *PPD*, R. du § 258, *W* 7, 401-400, trad. [2003] p. 335-336.

l'hégélianisme est, de part en part, une théorie de la formation de l'Idée. Mais, pour Hegel, l'État s'enracine non pas dans la multiplicité des volontés égoïstes mais dans une forme immédiate de lui-même, à savoir dans une volonté universelle encore ineffective. Par exemple, si l'on considère la figure de la volonté politique intérieure, on constate qu'elle a pour point de départ celle du prince. Le prince n'est certes qu'une figure inchoative de l'État, dans la mesure où il n'est par définition qu'un individu singulier, est dépourvu de compétence (à la différence des fonction-naires) et ne doit son titre qu'à son appartenance familiale (à la différence des membres du parlement). Néanmoins, comme tel, il institue l'État comme un tout. Le prince incarne la volonté universelle, même s'il ne s'agit encore que d'une universalité indéterminée. Pour Hegel, le tout – et en l'occurrence l'État – n'a pas pour point de départ la multiplicité mais l'unité abstraite. Comme il l'écrivait déjà à Iéna : « La volonté universelle est ce qui est premier, elle est l'essence, et les [individus] singuliers ont à se rendre universels […] en se formant [conformément à elle]. Elle leur est antérieure. »[1]

Hegel en vient paradoxalement à invoquer un principe rousseauiste pour dénoncer l'incapacité de l'auteur du *Contrat social* à penser véritablement l'universel : « La différence mentionnée précédemment entre ce qui est simplement commun et ce qui est véritablement universel (*zwischen dem bloß Gemeinschaftlichen und dem wahrhaft Allgemeinen*[2]) se trouve exprimée d'une manière pertinente dans le *Contrat social* […] de Rousseau, en ce qu'il y est dit que les lois d'un État devraient nécessairement émaner

1. *Esquisse de système* d'Iéna (1805-1806), *G W* 8, 257.
2. Hegel utilise le même terme, allgemein, pour ce que le français rend alternativement par « universel » et « général ».

de la volonté universelle, mais n'auraient absolument pas besoin pour cela d'être la volonté de tous. Rousseau aurait, concernant la théorie de l'État, élaboré quelque chose de plus profond s'il avait toujours gardé devant les yeux cette différence. La volonté universelle est le concept de la volonté, et les lois sont les déterminations particulières de la volonté fondées dans le concept. »[1] Aux yeux de Hegel, l'erreur de Rousseau, en cela d'ailleurs infidèle à sa propre exigence, est d'avoir prétendu penser la volonté générale à partir de l'accord interindividuel. Et il lui oppose, comme origine de la volonté universelle effective, une volonté universelle immédiate, le « concept de la volonté ».

b) En second lieu et corrélativement, pour Hegel, la thématique du passage historique de l'état de nature à l'état civil – comme si le second était l'effet du premier – est inacceptable, car l'État ne peut pas résulter de l'absence d'État. Si, de nos jours par exemple, il y a un État dans le monde germanique, il faut admettre que celui-ci a existé dès le départ. Certes, la forme politique originaire était déficiente à tous égards, et la forme d'aujourd'hui est la négation de cette forme originaire. Toutefois, de manière générale, on ne peut penser un processus sans admettre que son point de départ est le « concept » de la chose même, au sens de sa forme abstraite. On a là une des explications du (mauvais) diagnostic de Hegel sur l'Afrique. D'une certaine manière, dit-il, les peuples africains sont sans État : privés de la condition première de l'histoire, ils sont voués à rester en dehors d'elle[2].

---

1. *Enc.* I, Add. du § 163, *W* 8, 312-313, trad. (mod.) p. 593. Voir *Contrat social* II, 3 : « Il y a souvent bien de la différence entre la volonté de tous et la volonté générale ; celle-ci ne regarde qu'à l'intérêt commun ; l'autre regarde à l'intérêt privé, et n'est qu'une somme de volontés particulières. »

2. Voir *RH*, éd. p. 216, trad. p. 249.

En même temps, le thème de l'opposition de l'esprit à la nature – et donc, d'une certaine manière, de l'état civil à l'état de nature – est, comme on l'a dit au chapitre III, l'une des clés de la pensée hégélienne. L'auteur des *Leçons sur la philosophie de l'histoire* cite régulièrement la formule *exeundum est e statu naturae*, « il faut sortir de l'état de nature », qu'il attribue, d'ailleurs à tort, à Spinoza[1]. Cependant, comme on l'a dit, la notion de nature, chez Hegel, a une signification structurale et, en l'occurrence, ne peut désigner une phase déterminée de l'histoire, une phase dont, en quelque sorte, on aurait pu se débarrasser grâce à un contrat social. La nature, ou la naturalité, désigne cette altérité contre laquelle l'esprit a à lutter sans répit, et par l'*Aufhebung* de laquelle il se constitue comme tel. D'un côté, il n'y a pas de « pur » état de nature auquel l'état politique aurait pu succéder. De l'autre, la négation de la « naturalité » (comme altérité, donc multiplicité, donc contradiction) par la « spiritualité » (comme identité concrète avec soi, donc unité, donc rationalité) est le schème fondamental du développement de l'esprit. Si l'on considère par exemple l'éthicité, on peut dire que la société civile est, par rapport à l'État, une forme d'état de nature. Ou bien, si l'on considère le cycle de l'État, on peut dire que le droit politique extérieur est un état de nature par rapport à l'histoire des empires. De même, dans le monde germanique, le moment féodal (divisé) est un état de nature par rapport au moment protestant (unifié), etc. Ce qui, chez les auteurs contractualistes, est analysé comme le passage historique – ou hypothétiquement historique – de l'état de nature à l'état civil, devient chez Hegel l'*Aufhebung* sans

---

1. Voir *PH* 1822-1823, éd. p. 33, trad. p. 136. Cette idée est défendue par Spinoza notamment au chapitre 16 du *Traité théologico-politique*. Mais l'expression ne s'y trouve pas littéralement.

cesse renouvelée de la naturalité par l'esprit. La naturalité n'est pas une phase anté-politique de l'esprit mais, comme moment structural, l'obstacle que l'esprit doit dépasser en chacune de ses figures pour être effectif.

En d'autres termes, l'auteur des *Principes* refuse la théorie du contrat dans la mesure où, pour lui, l'État ne se constitue pas *à partir de* l'état de nature mais *contre* lui, c'est-à-dire dans la mesure où il n'en finit jamais avec lui mais a sans cesse à le vaincre. On ne peut donc admettre l'analyse à la fois chronologique et étiologique selon laquelle l'état de nature aurait précédé et causé l'état civil. Bien plutôt, il faut dire que la volonté (politique) unificatrice est première, et se rend souveraine à l'égard des volontés (naturelles) particulières et originairement insubordonnées. Plus précisément, l'affrontement d'une volonté unificatrice abstraite et d'une série de volontés particulières aboutit, grâce à la victoire de la première, à l'État concret. Dans l'histoire, l'État est toujours déjà présent, mais il est originairement inapproprié : c'est pourquoi l'enjeu n'est pas la cessation de l'état de nature mais l'avènement d'institutions adéquates [1].

Théorie de la constitution

Comme on l'a vu, la théorie hégélienne de l'État telle qu'elle apparaît dans le chapitre sur « le droit étatique interne » concerne avant tout l'État moderne. On peut s'interroger sur un tel choix : peut-être aurait-il été plus

---

1. Voir les analyses de J.-F. Kervégan, *L'Effectif et le rationnel*, *op. cit.*, p. 124 *sq.*, qui insistent notamment sur le fait que, pour Hegel, la doctrine du contrat social conduit à subordonner le lien politique aux intérêts privés. Sur la signification « progressiste » de l'anti-contractualisme hégélien, voir D. Losurdo, *Hegel et les libéraux*, Paris, PUF, 1992, p. 79 *sq.*

judicieux de présenter la forme de l'État en général, sans l'inscrire d'emblée dans une figure historique particulière. Hegel aurait pu alors consacrer à la constitution moderne un chapitre des *Leçons sur la philosophie de l'histoire* – même si l'histoire, à dire vrai, n'a pas pour enjeu premier la constitution intérieure des États mais leurs rapports mutuels dans l'édification de leurs empires. En même temps, Hegel a l'habitude, lorsque la figure qu'il étudie comprend des degrés variés, de mettre en avant celui qui est le plus concret. En tout état de cause, lorsqu'on lit le chapitre sur la constitution intérieure, il faut le voir comme portant sur l'État en général, lequel est cependant exemplifié sous la figure de l'État moderne.

Or cet État se caractérise, dit Hegel, par une constitution (*Verfassung*). Cette notion désigne avant tout l'organisation des pouvoirs : « L'État est un organisme, c'est-à-dire le développement de l'Idée en ses différences. Ces différents aspects constituent les divers pouvoirs, leurs fonctions respectives et leur efficacité, grâce à quoi l'universel se produit sans cesse lui-même [...]. Cet organisme est la constitution politique. »[1] La notion de constitution, comme on le voit, nomme la structure fondamentale de l'État, elle équivaut d'une certaine manière au « régime » politique, en grec *politeia*[2]. Elle ne renvoie donc ni à une loi fondamentale qui limiterait l'action du pouvoir politique, ni à l'existence d'un État de droit. De fait, pour Hegel, la Chine et Athènes, aussi bien que l'empire de Charlemagne et le Moyen Âge féodal, se caractérisent chacun par une

---

1. *PPD*, Add. du § 269, *W* 7, 415, trad. [1989] (mod.) p. 270.
2. Voir aussi *Enc.* III, R. du § 540, *W* 10, 336, trad. p. 317. Sur la riche histoire du concept de constitution au début du XIX e siècle dans le milieu germanophone, voir O. Brunner, W. Conze, R. Koselleck (Hrsg.), *Geschichtliche Grundbegriffe*, Stuttgart, Klett-Cotta, 1972–1997, VI, 863 *sq.*

constitution. C'est pourquoi le syntagme de « monarchie constitutionnelle », qu'on trouve régulièrement sous sa plume à propos de l'État germanique moderne [1], n'autorise pas à lui seul à faire de Hegel un penseur progressiste. On tient en effet souvent le raisonnement suivant : en Prusse à l'époque de Hegel, il n'y a pas de constitution au sens d'une organisation politique qui limiterait le pouvoir du roi ; or Hegel parle de la constitution comme d'un aspect de l'État rationnel ; donc Hegel critique l'État de son époque. En réalité, si on prend la constitution au sens hégélien d'organisation étatique, la Prusse de Frédéric-Guillaume III possède bel et bien une constitution.

En même temps, comme toute notion structurale, celle de constitution présente différents niveaux de réalisation. On parle de constitution au sens le plus fort lorsque le régime politique exprime adéquatement l'esprit du peuple : ce qui n'est pas vérifié, par exemple, dans le cas de la constitution carolingienne (dans la mesure où elle avait pour défaut, dit Hegel, de ne pas reposer sur l'esprit du peuple mais seulement sur l'énergie de Charlemagne), ni s'agissant de la constitution espagnole imposée par Napoléon (qui était *a priori* et s'est logiquement effondrée dès le départ des troupes françaises). De même, en Chine, la constitution n'est pas authentique, dit Hegel, dans la mesure où les individus et les corporations ne peuvent y faire valoir leurs droits. À l'opposé, la constitution par excellence est libératrice et médiatisée par le vouloir réfléchi des citoyens [2]. Finalement, Hegel est un penseur de la liberté politique, non par son insistance sur la notion de constitution, mais par la distinction qu'il opère entre les constitutions inadéquates et les constitutions adéquates :

1. Voir par exemple *PPD*, R. du § 286, *W* 7, 456, trad. [2003] p. 385.
2. Voir PPD, Add. du § 302, *W* 7, 472, trad. [1989] p. 309.

« Les formes de toutes les constitutions sont incomplètes, si elles ne peuvent admettre en elles le principe de la subjectivité libre et ne savent pas se conformer aux exigences d'une raison cultivée. »[1]

Or l'État moderne comprend une pluralité de pouvoirs, à savoir ceux du prince, du gouvernement et du parlement. Hegel reconnaît le caractère nécessaire de la « division » (*Teilung*) des pouvoirs, et fait d'elle la garantie de la liberté publique. En même temps, il critique la représentation selon laquelle les pouvoirs devraient se limiter les uns les autres. Comment comprendre cette conception ?

On reconnaît, dans la position dénoncée par Hegel, celle de Montesquieu, à savoir la balance des pouvoirs. Pour l'auteur de l'*Esprit des lois*, comme on le sait, « pour qu'on ne puisse pas abuser du pouvoir, il faut que, par la disposition des choses, le pouvoir arrête le pouvoir »[2]. Les organes qui composent l'État doivent avoir les moyens de s'opposer les uns aux autres. Chez Montesquieu, il s'agit avant tout d'assurer l'entre-empêchement des organes politiques, de manière à les obliger au compromis et ainsi obtenir une législation modérée. Or cette vision de la politique est inacceptable pour Hegel à un double titre : d'abord parce qu'elle repose sur une conception négative de la liberté, ensuite parce qu'elle organise le conflit dans l'État, et donc sa corruption[3]. En quoi l'organisme politique hégélien s'oppose-t-il à cette solution ? Pour Hegel, les moments du pouvoir n'interagissent pas, car chacun d'entre eux a une fonction propre. Le prince décide de manière générale, le gouvernement résout les problèmes particuliers,

1. *PPD*, Add. du § 273, *W* 7, 440, trad. [1989] p. 283.
2. Montesquieu, *Esprit des lois*, XI, 4.
3. Voir *PPD*, R. du § 272, *W* 7, 434, trad. [2003] p. 365-366. Voir aussi l'addition du § 300, *W* 7, 468, trad. [1989] p. 307.

et le parlement définit le contenu de la loi pour ce qui concerne les individus et assure l'élévation de ces derniers à un vouloir conforme aux lois. Ainsi, d'un côté, chacun des pouvoirs est son seul maître, de l'autre cependant, il n'est actif que dans son domaine propre.

Hegel ne défend ni une conception absolutiste du pouvoir, ni une conception dans laquelle les différents pouvoirs se feraient mutuellement obstacle. En revanche, pour lui, l'État est rationnel lorsque chacune de ses composantes réalise, au niveau – mais au seul niveau – qui est le sien, le pouvoir politique tout entier. Une institution particulière n'est pas une partie du pouvoir qui pourrait s'ajouter ou se soustraire aux autres, mais une incarnation déterminée du tout. C'est pourquoi sa volonté vaut non pour certains citoyens (et par exemple pour ceux qui disposeraient du pouvoir en question) mais pour tous. On retrouve ici la conception de la liberté politique comme volonté universelle. L'État est libre non pas quand la nuisance que peut représenter un organe politique quelconque est limitée, mais quand chaque organe exerce pleinement son activité propre [1].

Les moments de l'État

Comment se déploie la sphère étatique? Le droit étatique interne est le moment du pur rapport à soi de l'État individuel, le droit étatique externe, celui du rapport de l'État individuel au monde extérieur, et l'histoire du monde, celui dans lequel un principe général (« l'esprit du monde ») s'investit dans les États particuliers et ainsi les unifie. Précisons :

---

1. Voir *PPD*, Add. du § 272, *W* 7, 435, trad. [1989] p. 280.

a) Initialement, l'État est donné, et la question de son origine n'est pas thématisée. Comme on l'a dit, chez Hegel le point de départ est toujours immédiat, présupposé. Il ne s'agit pas ici de la naissance de l'État, ni de la naissance de ses institutions, mais seulement de leur paisible fonctionnement, qui assure leur conservation à l'identique. En outre, la vie politique ne se joue ici qu'entre les pouvoirs constitués, sans faire vraiment intervenir le peuple en tant que tel.

b) En deuxième lieu, l'État individuel se rapporte à une altérité irréductible : l'autre État. C'est un rapport négatif, et en l'espèce belliqueux. Mais, par là, chacun des deux apparaît sur la scène internationale.

c) Enfin, dans l'histoire du monde, on en vient à considérer la totalité des États. Alors que, dans le deuxième moment, il ne s'agit encore que du mauvais infini des rapports particuliers entre États, on a affaire désormais au système général des puissances étatiques, qui tendent toutes à se constituer en empires et ainsi à dominer les autres.

Comment rendre compte de cette séquence ? N'aurait-il pas été plus cohérent de commencer par l'histoire, pour passer ensuite aux rapports internationaux particuliers et, enfin, terminer par la vie étatique interne ? En d'autres termes, ne faut-il pas admettre que l'ordre du texte n'est qu'un ordre « pédagogique » de présentation, et que la genèse réelle conduit de l'histoire à la vie étatique interne ? Il n'en va pas ainsi. Pour Hegel, l'État n'est pas le résultat de l'histoire mais son sujet. Il commence par être donné à lui-même, et doit ensuite se former de manière à se rendre capable de jouer un rôle dans l'histoire. Initialement, il n'est qu'immédiat : d'où sa concentration sur sa seule vie intérieure. Il lui faut en revanche une certaine puissance – une certaine universalité – pour se rapporter à l'extérieur sur un mode belliqueux (deuxième moment) et une puissance plus grande encore pour se rapporter à l'extérieur sur le mode de l'empire (troisième moment). L'existence dans un système ne peut être immédiate, elle ne peut résulter que de la négation infinie de l'immédiateté. De même que l'animal, dans la philosophie de la nature, commence par son activité physiologique intérieure (structurellement analogue au droit étatique interne), puis passe au rapport de nutrition (analogue au droit étatique externe) avant d'incarner l'intérêt de l'espèce dans son comportement sexuel (analogue à l'histoire du monde), c'est seulement *in fine* que l'État est capable de construire, en dehors de lui-même, un empire qu'il domine.

LE PRINCE HÉGÉLIEN

La théorie du prince est une pièce essentielle de la pensée politique de Hegel. Mais on est frappé par les difficultés de cette théorie. D'un côté, le prince est présenté comme « le sommet et le commencement du tout »[1], de l'autre, il se contente, semble-t-il, d'apposer sa signature au bas des textes de lois[2]. Par ailleurs, alors qu'il est censé s'inscrire dans une constitution rationnelle, il ne tient son pouvoir que de son appartenance à la dynastie régnante, de sorte que ses qualités personnelles importent peu : « Le gouvernement repose sur le monde des fonctionnaires, avec, au sommet, la décision personnelle du monarque, car une décision suprême est (…) absolument nécessaire. Cependant, avec des lois fermement établies et une organisation bien définie, ce qui a été réservé à la seule

---

1. *PPD*, § 273, *W* 7, 435, trad. [2003] p. 366.
2. Voir *PPD*, Add. du § 279, *W* 7, 449, trad. [1989] p. 291.

décision du monarque doit être considéré comme peu de chose eu égard au substantiel. Il faut assurément considérer que c'est un grand bonheur quand un noble monarque est échu à un peuple; cependant cela, même dans un grand État, n'est pas d'une importance si considérable. »[1] Avons-nous affaire ici à une inconséquence de la part de Hegel ou ces paradoxes sont-ils impliqués par la situation et le rôle du prince dans l'organisme étatique? Examinons le problème pas à pas.

a) Pourquoi l'État a-t-il un seul homme à sa tête? Aux yeux de Hegel, la volonté étatique, pour être unique, doit être incarnée par un seul individu[2]. Certes, cela n'exclut pas une pluralité d'institutions et de gouvernants, puisque l'unité véritable ne se conquiert que sur la multiplicité. Ainsi, la constitution moderne comprend, outre le pouvoir princier, le pouvoir gouvernemental et le pouvoir législatif, lesquels sont mis en œuvre par une multiplicité de fonctionnaires et de députés. Néanmoins l'ensemble doit être subordonné à un monarque unique. Ce dernier n'est pas le tout de l'État, mais il est la présupposition – la totalité immédiate et abstraite – grâce à laquelle l'État se constitue comme un tout concret.

L'importance de cette unicité se comprend mieux quand on considère les critiques adressées par Hegel au féodalisme – type de régime dans lequel, à ses yeux, le pouvoir est essentiellement divisé. Dans la monarchie féodale, ni le monarque, ni même l'État ne sont souverains. Car les pouvoirs sont considérés comme la propriété privée de certains individus, si bien que ce qui relève de l'intérêt

---

1. *LPH, W* 12, 539, trad. p. 346.
2. Voir *PPD*, § 279, *W* 7, 444, trad. [2003] p. 376.

général dépend en fait de leur bon plaisir[1]. En définitive, il y a lieu d'opposer le féodalisme, comme « polyarchie » dans laquelle il n'y a que des maîtres et des serviteurs, à la monarchie moderne dans laquelle « un seul est maître et nul n'est serviteur, car la servitude est brisée par elle et en elle prévalent le droit et la loi, [de sorte que] c'est d'elle que naît la liberté réelle »[2].

b) Quel est alors le rôle du prince ? Il accorde ou refuse sa grâce aux criminels, établit le contenu général des lois et légitime la constitution[3]. La question est cependant de savoir quelle est son autonomie et quelle est la réalité de son pouvoir.

Selon une première hypothèse, le prince hégélien règne mais ne gouverne pas, au sens où il se contente d'entériner les décisions qui lui sont présentées par son cabinet. En faveur de cette interprétation, on peut citer le passage suivant : « Dans une organisation complète [de l'État], il est seulement question d'avoir à sa tête le [principe du] décider formel, et on n'a besoin, comme monarque, que d'un homme qui dit oui et met le point sur le i. »[4] Le prince serait sans véritable pouvoir et se contenterait de contresigner des décrets qui sont en réalité voulus et préparés par le gouvernement[5].

Cependant, selon une deuxième hypothèse, le prince a un rôle central, comme garant de l'unification et finalement

1. Voir *PPD*, R. du § 278, *W* 7, 443, trad. [2003] p. 374.
2. *LPH*, *W* 12, 478, trad. (mod.) p. 307. Voir *PPD*, R. du § 286, *W* 7, 456-457, trad. [2003] p. 385-386.
3. Voir *PPD*, § 282-285, *W* 7, 454-456, trad. [2003] p. 383-385.
4. *PPD*, Add. du § 280, *W* 7, 451, trad. [1989] (mod.) p. 294.
5. C'est l'interprétation défendue par E. Weil, *Hegel et l'État, op. cit.*, p. 62, et par E. Fleischmann, *La philosophie politique de Hegel*, Paris, Plon, 1964, p. 302. Voir la critique de ces interprétations par B. Bourgeois, *Problèmes hégéliens*, Paris, PUF, 1992, p. 211 *sq.*

de l'existence de l'État. Cette interprétation peut, à son tour, invoquer des affirmations précises. Ainsi : « La volonté étatique qui tient tout, qui arrête tout, la cime suprême de l'État ainsi que l'unité pénétrant tout, c'est le pouvoir gouvernemental du prince. » [1] Dès lors : « Le nom du monarque apparaît comme le lien extérieur et la sanction sous laquelle en général tout se fait dans le gouvernement. » [2] La difficulté est cependant d'accorder ces dernières citations à celles rappelées précédemment.

À titre de synthèse, on peut proposer l'interprétation suivante. La seule tâche du monarque est de vouloir. Mais cet acte de volition est indispensable car il engendre la volonté de l'État en tant que tel. C'est en vertu de son assomption par le monarque qu'une loi possible devient effective. Il ne s'agit pas, pour le prince, de simplement mener la procédure législative à son terme en contresignant ce qui a été voulu par d'autres. Car, bien plutôt, la validité de la loi repose sur son vouloir propre. Aujourd'hui, on aurait tendance à dire que la signature du chef de l'État est indispensable pour assurer la validité juridique de la loi, mais que celui-ci peut valablement promulguer une loi avec laquelle il serait personnellement en désaccord. Du point de vue hégélien en revanche, la loi n'est effective que si elle est intégrée dans la volonté des citoyens en tant que tels – et, tout d'abord, dans celle du premier d'entre eux. C'est pourquoi le vouloir personnel du monarque joue un rôle indispensable.

Toutefois, cette volonté est abstraite au sens où elle ne porte pas sur le détail de la loi relativement aux individus (qui doit être déterminé par le parlement), ni sur son

1. *Enc.* III, § 542, *W* 10, 338, trad. p. 319.
2. *Enc.* III, R. du § 542, *W* 10, 339, trad. p. 320.

application aux affaires particulières (qui relève du gouvernement), mais sur son contenu relatif à l'État en général. La volonté princière ne s'intéresse qu'à l'État comme tout, et non aux volontés particulières des citoyens. C'est pourquoi, si seul le prince dirigeait l'État, alors ce dernier ne ferait pas droit à la liberté concrète des hommes.

La volonté princière est abstraite en un autre sens également. Le prince doit opter entre plusieurs contenus généraux que lui présente son cabinet, qui, par hypothèse, sont tous également bons. Comment choisit-il ? *Grundlos*, répond Hegel, c'est-à-dire sans fondement [1]. Une fois de plus, la thématique de l'immédiateté s'impose.

c) Quelle est l'identité du prince ? Comme tous les acteurs de la vie politique, il a des « qualités universelles et objectives » [2] de citoyen et donc de patriote. En revanche, il n'est tenu de posséder ni l'éducation du fonctionnaire, ni l'habileté et la connaissance des institutions qui sont propres au député. C'est donc également du point de vue de sa formation que le prince représente un moment d'immédiateté, lui qui n'a qu'a se donner la peine de naître dans la famille régnante.

Quelle est alors la justification du caractère héréditaire de la fonction princière ? Négativement d'abord, le fait que le prince ne soit pas dépendant d'une élection ou d'un choix opéré par d'autres permet qu'il ne soit le représentant d'aucune faction. Son appartenance à la dynastie régnante est la garantie de son impartialité. Positivement ensuite, le respect dont il bénéficie en vertu de l'hérédité l'élève au-dessus des passions mesquines. Comme l'écrit la *Leçon* de 1817-1818 : « Le prince est le premier par la nature et

---

1. Voir *PPD*, § 279, *W* 7, 444, trad. [2003] p. 376.
2. *PPD*, § 277, *W* 7, 442, trad. [2003] p. 372.

il domine ainsi toutes les fins de la particularité – au-dessus de l'orgueil, de la présomption, de l'envie, de la haine, et de toutes les choses de ce genre; le prince, en tant qu'il est immédiatement reconnu par tous comme le premier, ne peut pas connaître l'orgueil; ce respect lui échoit par le fait qu'il est reconnu; toutes les passions de l'état moyen disparaissent chez le prince. » [1]

On le constate : si les vertus spécifiques du prince sont de type éthique, elles sont en même temps directement liées à l'hérédité, donc naturelles et non pas acquises grâce à un processus de formation spirituelle. Il y a, sous la plume de Hegel, un mélange d'exaltation du monarque et de réserve à son égard. En suivant la pente du mot lui-même, on peut dire qu'on retrouve, dans la théorie du prince, toute l'ambivalence de la théorie hégélienne du principe, comme moment indispensable mais seulement immédiat (on rapporte d'ailleurs que le roi Frédéric-Guillaume III fit part de son mécontentement lorsqu'on lui rapporta l'expression « mettre le point sur le i », censée définir son rôle [2]). Certes Hegel, ici comme ailleurs, a tendance à valoriser le chef, instance d'*Aufhebung* de la multitude et de constitution du peuple en tant que tel [3]; néanmoins, son statut naturel et formel est sans cesse souligné : « Les actions les plus importantes des gouvernants, les monarques de notre époque s'en sont débarrassés. Ils n'énoncent plus

1. *Vorlesungen über Naturrecht und Staatswissenschaft.* Heidelberg 1817-1818, éd. p. 206, trad. p. 234.
2. Voir F. Rosenzweig, *Hegel und der Staat* (1920), Francfort s/M, Suhrkamp, 2010, p. 413.
3. Notons en passant que, même si les qualités du monarque diffèrent de celles du grand homme, il y a une analogie entre les deux personnages, puisque l'un et l'autre veulent, en vertu de leurs dispositions immédiates, ce que l'État ou leur temps requièrent.

eux-mêmes le droit. Les finances, l'ordre et la sécurité civiles ne sont plus leur propre affaire spécifique, la guerre et la paix sont déterminées par les rapports politiques extérieurs généraux, lesquels ne ressortissent pas à leur direction ni à leur pouvoir particuliers. Et même si c'est à eux que revient l'ultime et suprême décision à l'égard de toutes ces relations, le contenu proprement dit des arrêts appartient cependant dans l'ensemble moins à l'individualité de leur volonté qu'il n'est déjà fermement fixé pour lui-même, en sorte qu'à l'égard du général et du public le point culminant de l'État, la volonté monarchique subjective propre n'est que de nature formelle. »[1]

LE POUVOIR GOUVERNEMENTAL

Si le monarque décide, le gouvernement – au sens de l'administration d'État – prépare les lois et les met en œuvre. Sa fonction de délibération est liée à sa connaissance des multiples aspects de l'État[2]. Sa fonction d'application consiste à subsumer les affaires particulières sous l'universel

---

1. *Cours d'esthétique*, *W* 13, 254, trad. J.-P. Lefevre et V. von Schenk, Paris, Aubier, 1995-1997, t. 1 p. 259. L'interprétation de B. Bourgeois, *op. cit.*, p. 228, selon laquelle « l'État en sa vérité se recueille totalement dans la seule décision du prince constitutionnel, [qui] est en quelque sorte l'alpha et l'oméga de la vie de l'État hégélien », s'appuie sur l'incontestable valorisation par Hegel du rôle du prince – une valorisation qui a pour corollaire une minoration du rôle du parlement. Mais cette exégèse a pour défaut de passer sous silence la naturalité et, pour ce qui relève des affaires intérieures, l'indétermination du moment princier. Le texte hégélien est certainement traversé de tensions, de sorte que l'interprétation selon laquelle le pouvoir princier n'a qu'un statut inchoatif ne doit pas plus être absolutisée que celle selon laquelle il aurait un statut conclusif. Toutefois, selon nous, il est plus conforme à l'ordre et au contenu thématique du texte d'admettre que le pouvoir princier, s'il est un vrai pouvoir, reste toutefois affecté d'immédiateté.

2. Voir *PPD*, § 300, *W* 7, 468.

de la loi [1]. Toutefois, d'un point de vue hégélien, cette subsomption ne peut impliquer leur uniformisation. Au contraire, l'activité de l'administration est essentiellement diverse. Il s'agit notamment de faire en sorte que les différentes activités de la société civile concourent à l'intérêt général.

Hegel propose un certain nombre de considérations sur l'organisation de l'administration. Il insiste sur la nécessaire spécialisation des tâches, ainsi que sur leur organisation pyramidale, qui conjugue le centralisme et un pouvoir important dévolu aux communes [2]. On retrouve ici les deux préoccupations constantes du philosophe : reconnaître le droit du particulier et faire en sorte qu'il s'intègre dans l'universel. Ainsi, « la véritable force de l'État réside dans les communes » et « l'administration ne peut qu'être favorable à [leurs] intérêts ». En même temps, il faut les organiser de manière à empêcher qu'elles ne forment « un agrégat, une multitude d'atomes éparpillés » [3]. Il n'en reste pas moins, toutefois, que nous avons affaire ici à une organisation « extérieure », typique des moments médians des cycles systématiques.

L'œuvre du gouvernement porte sur la volonté de ses administrés. La question est aussi celle de l'identité, de l'état d'esprit et de l'indépendance de ses agents. Comme on pouvait s'y attendre, les attributs du fonctionnaire sont directement opposés à ceux du monarque. Tout d'abord,

---

1. Voir *PPD*, § 288, *W* 7, 457-458.
2. Hegel loue Napoléon pour son œuvre organisatrice. Il est souhaitable, selon lui, que le gouvernement se dote d'un chancelier ou d'un premier ministre, ou au moins d'un conseil des ministres. Mais il faut aussi éviter un excessif centralisme, car c'est dans les communes « que l'État rencontre des intérêts légitimes qu'il doit respecter ». (*PPD*, Add. du § 290, *W* 7, 460, trad. [1989] p. 300-301)
3. *Ibid.*

alors qu'un seul individu peut être roi, à savoir l'aîné des fils du roi précédent, tout homme a, en droit, accès aux postes de fonctionnaires. Ensuite, alors que les qualités personnelles du monarque importent peu, le fonctionnaire doit avoir une compétence acquise par l'éducation. Enfin, alors que le monarque est irresponsable, un contrôle s'exerce sur les agents de l'administration.

Le pouvoir étatique pourrait-il se réduire à son moment gouvernemental ? Évidemment non, dans la mesure où ce dernier se concentre sur les seules affaires particulières et se désintéresse de l'État en tant que tout. Par ailleurs, il ne fait intervenir que quelques fonctionnaires et laisse inactifs les membres du peuple en tant que tels. Un nouveau moment est donc indispensable, dans lequel les citoyens dans leur ensemble puissent se produire en tant qu'acteurs de la vie politique et faire valoir concrètement leur patriotisme.

LE POUVOIR LÉGISLATIF

Le parlement est l'émanation politique des groupes socioprofessionnels (*Stände*). Hegel utilise d'ailleurs régulièrement, pour le désigner, le même mot de *Stände* – la langue allemande retrouvant un trait du français classique, dans lequel les « états » nomment à la fois les différentes catégories sociales et les assemblées devant les représenter. Nous avons affaire ici, peut-on dire, au moment démocratique de l'État : après le moment proprement monarchique incarné par le prince, et le moment aristocratique incarné par l'administration gouvernementale, le parlement exprime les intérêts du plus grand nombre : « L'élément des états a pour destination que l'intérêt universel parvienne à l'existence non seulement en soi, mais aussi pour soi, c'est-à-dire que le moment de la liberté formelle subjective, que la conscience publique, en tant qu'universalité empirique des vues et des pensées du grand nombre, y parvienne à l'existence. »[1] Le troisième pouvoir permet donc au peuple d'entrer dans la vie publique.

Comme on le voit cependant, le peuple n'accède pas à l'activité politique directement mais seulement à travers les membres du parlement. Certes, pour Hegel, tout le peuple est concerné par la vie de l'État, et constitue une « opinion publique » qu'il s'agit d'éclairer. Mais cette dernière n'a pas à influencer le pouvoir politique. Cette limitation est liée à l'abstraction de la vie politique intérieure : en tant que telle, elle ne peut faire intervenir que la frange des citoyens qui sont toujours déjà qualifiés pour une telle vie. Dans l'histoire à l'opposé, on le verra, le corps politique est mobilisé en son entier.

Quelle est alors la tâche des parlementaires ? Ils traitent des lois pour autant qu'elles les concernent en tant qu'individus mus par l'intérêt général. Le parlement se distingue donc du pouvoir princier, qui n'est référé qu'au tout abstrait de l'État, et du pouvoir gouvernemental, qui n'est en charge que des affaires particulières. Plus précisément, la fonction du parlement est double : objectivement, il précise le contenu de la loi (cette fonction est exprimée au § 314 par les verbes *mitberaten* et *mitbeschließen* : participer à la délibération et la décision), subjectivement, il assure la formation de la disposition d'esprit de ses membres et finalement du peuple en général (*mitwissen* : participer au savoir[2]).

---

1. *PPD*, § 301, *W* 7, 468-469, trad. [2003] p. 398.
2. Voir *PPD*, § 314, *W* 7, 482, trad. [2003] p. 411.

Pour le premier point, le parlement a pour tâche de perfectionner les lois, en définissant le rapport des individus à l'État. Il établit notamment ce que ceux-ci peuvent attendre de l'État en matière de protection de leurs droits et les contributions qu'ils lui doivent[1]. C'est ainsi que le parlement vote la loi de finance[2].

Pour le second point, le parlement est un lieu de délibération, dans lequel les convictions des états se manifestent et se transforment. Le parlement n'a pas à s'opposer au gouvernement, mais à permettre l'expression des intérêts des groupes sociaux et, réciproquement, à assurer leur information et ainsi leur élévation à un vouloir universel : « Le rassemblement [des députés] a pour destination d'être une assemblée vivante, où l'on s'instruit et se convainc mutuellement, où l'on délibère en commun. »[3] Le parlement est le lieu par excellence où s'opère l'*Aufhebung* des consciences privées en consciences civiques, et donc l'instance de formation du *populus* par opposition au *vulgus* : « Ce qui constitue, à proprement parler, la signification des états est que, par là, l'État pénètre dans la conscience subjective du peuple et que celui-ci

---

1. Voir *PPD*, § 299, *W* 7,466, trad. [2003] p. 396. S'agissant de l'impôt, Hegel insiste sur le fait qu'il doit être en argent et non pas en nature (le service militaire constituant ici une exception), de manière à assurer un calcul juste et équitable des contributions, et à ne pas contraindre l'individu à l'acquitter d'une manière déterminée. En effet, l'argent n'est pas une richesse particulière mais la forme indéterminée (abstraitement universelle) de la richesse.

2. Voir *Enc.* III, R. du § 544, *W* 10, 343-344, trad. p. 324.

3. *PPD*, § 309, *W* 7, 478, trad. [2003] p. 407. Voir également l'Add. du § 309, *W* 7, 478, trad. [1989] p. 315 : « Il ne s'agit pas que l'individu puisse s'exprimer en tant qu'individu, mais il importe que ses intérêts puissent se faire entendre au sein d'une assemblée où il est question de l'intérêt général. »

commence à participer à la vie de l'État. »[1] Significativement, les députés, quoique élus par les états, ne défendent pas les intérêts de leurs seuls électeurs, mais l'intérêt général de la population. C'est pourquoi leur mandat est non pas impératif mais libre[2].

Le parlement assure donc le « retour à soi » du droit étatique interne qui, ainsi, rend compte de lui-même :

a) La loi, dans le moment princier, est pour ainsi dire donnée, au sens où le prince n'a qu'à opter arbitrairement entre les différents contenus généraux qui lui sont présentés par son conseil. Et le gouvernement, quant à lui, n'a pour tâche que de réfléchir à l'application de la loi et non pas à sa teneur générale. En revanche, dans le moment parlementaire, le contenu détaillé de la loi est produit par le parlement grâce à une délibération organisée. À ce titre, on peut dire que c'est le parlement qui rend le contenu de la loi proprement nécessaire.

b) Les débats parlementaires permettent la formation de l'opinion publique. Cette dernière, dit Hegel, est originairement déficiente et se caractérise par l'ignorance et des opinions arbitraires[3]. En revanche, grâce à l'activité parlementaire, les citoyens peuvent s'informer et acquérir une vue adéquate des affaires de l'État. Hegel se fait l'avocat de la publicité des débats, soulignant que ce « grand spectacle » est « éminemment formateur pour les citoyens »[4]. Les séances des assemblées sont certes éprouvantes pour les ministres, obligés de faire assaut d'éloquence. Toutefois, elles sont le meilleur moyen pour

1. *PPD*, Add. du § 301, trad. [1989] p. 308. Voir aussi le § 302, *W* 471-472, trad. [2003] p. 401.
2. *PPD*, § 309, *W* 7, 478, trad. [2003] p. 407.
3. Voir *PPD*, § 317, *W* 7, 484, trad. [2003] p. 413.
4. *PPD*, Add. du § 315, *W* 7, 482, trad. [1989] p. 317.

intéresser les citoyens à la chose publique. Le pouvoir législatif est donc le moment de l'auto-formation du peuple[1].

Deux remarques doivent cependant être faites. *1)* Même si le peuple, originairement, « ne sait pas ce qu'[il] veut »[2], il ne faut pas considérer sa volonté comme insignifiante, car elle est essentiellement droite : « L'opinion publique contient au-dedans de soi […] les principes substantiels éternels de la justice, le contenu véritable et le résultat de la constitution tout entière, […] ainsi que les besoins véritables et les tendances exactes de l'effectivité. »[3] Nous retrouvons un thème évoqué au chapitre IV : le vouloir essentiel du peuple est, à une époque donnée, le fondement de toute légitimité puisqu'il est le principe d'unité de ses œuvres. *2)* Hegel présente parfois la formation de l'opinion publique comme un simple moyen destiné à assurer, chez les citoyens, un patriotisme utile à la stabilité de l'État. Mais, plus profondément, cette *Bildung* permet d'actualiser une exigence intérieure, donc d'honorer un droit[4]. Ainsi, la formation de l'opinion publique est une fin en soi. Elle a pour corollaire une large liberté de la communication publique, c'est-à-dire de la presse et du discours oral[5].

---

1. Même si l'autoformation est ici formelle (elle ne consiste, pour le peuple, qu'à prendre conscience de sa volonté), et ne sera effective que dans l'histoire (où chaque peuple modifie sa conception de l'homme).

2. Voir *PPD*, R. du § 301, *W* 7, 469, trad. [2003] p. 399.

3. *PPD*, § 317, *W* 7, 483-484, trad. [2003] p. 412.

4. Voir *PPD*, § 314, *W* 7, 482, trad. [2003] p. 411.

5. Voir *PPD*, § 319, *W* 7, 486, trad. [2003] p. 414. Certes, s'agissant de la presse, on ne peut admettre, dit Hegel, l'incitation au vol, au meurtre, à la révolte, ni non plus la diffamation et l'incivisme revendiqué… Hegel ne se situe donc pas du côté de la défense inconditionnelle de la liberté de la presse, et on peut regretter de ne trouver sous sa plume aucune dénonciation des décrets de Carlsbad. Néanmoins, il pose bel et bien la liberté de communication comme principielle.

LA SOUVERAINETÉ VIS-À-VIS DE L'EXTÉRIEUR

Dans un second volet du « droit étatique interne », Hegel évoque l'indépendance de l'État à l'égard de l'extérieur. La question, ici, ne porte pas sur les règles des relations internationales, mais sur la solidité de l'État et sa volonté de préserver son individualité face à l'extérieur. Il y a là, dit Hegel, un devoir : les États ont l'obligation de maintenir leur individualité, leur indépendance et leur souveraineté, sans craindre les dangers et les sacrifices. Il se confirme ainsi que l'État, pour l'auteur des *Principes*, est une fin en soi et, le cas échéant, prime sur le bonheur particulier des citoyens. Il n'a pas pour but la protection de la vie et de la propriété des individus, mais son autoconservation comme instance autonome.

C'est pourquoi il ne faut pas considérer la guerre comme un mal absolu. Car c'est en quelque manière en elle que l'État assume le mieux sa nature propre. En effet, la guerre ravive le patriotisme et permet de subordonner les différents moments de la vie éthique à l'État. À l'inverse, quand la paix règne trop longtemps, les intérêts de la société civile tendent à s'imposer : de là un enlisement et une sclérose de la vie éthique. Dans la remarque du § 324, Hegel cite son article de jeunesse sur le *Droit naturel* : la guerre « conserve aussi bien la santé éthique des peuples en son indifférence vis-à-vis des déterminités finies […] que le mouvement des vents préserve les mers de la putridité dans laquelle un calme durable les plongerait, comme le ferait pour les peuples une paix durable et *a fortiori* une paix perpétuelle. »[1] Ainsi, la vitalité intérieure et un rapport

---

1. *PPD*, R. du § 224, *W* 7, 493, trad. [2003] p. 420. Voir *Des manières de traiter scientifiquement du droit naturel*, *W* 2, 482, trad. p. 55-56.

libre à l'extérieur sont corrélatifs. Il y a une relation essentielle entre la force de l'État à son propre égard et son indépendance face aux autres puissances étatiques. C'est pourquoi les peuples qui ont refusé une vraie souveraineté à l'intérieur sont tombés sous l'influence de peuples étrangers, tandis que ceux qui ont été capables de lutter pour leur liberté à l'encontre d'autres peuples ont eu de grandes institutions. Comme on le voit, Hegel rompt avec la tradition qui fait de la paix un bien suprême dans l'élément même de la politique. En même temps, la guerre est clairement un indice de la finitude de l'esprit objectif.

À cette analyse s'associe une étude de la classe des soldats, en charge de la défense extérieure de l'État (Hegel se prononçant en faveur des armées permanentes mais admettant la levée en masse lorsque l'État est menacé). La disposition d'esprit propre aux soldats est la bravoure. Il y a différentes formes de courage : celui de la bête sauvage, du brigand, celui requis par l'honneur, celui du chevalier… Or le courage du soldat moderne est d'être prêt à sacrifier sa vie au service de l'État – et ceci non pas en vertu d'un héroïsme « naturel », comme chez les Grecs, mais en vertu d'une décision délibérée. Le courage, alors, n'est pas individualiste, mais consiste à se plier à la discipline raisonnable des armées. Il s'agit de renoncer à son propre jugement pour obéir aux ordres et, en même temps, d'avoir la plus grande présence d'esprit et la plus grande détermination. Le soldat est sans haine, son action n'est pas dirigée contre des personnes prises individuellement – mais il est néanmoins capable d'agir de la façon la plus hostile contre les ennemis en tant que représentants de l'État adverse [1]. Le soldat est-il alors l'incarnation du

1. Voir *PPD*, § 328 et sa remarque, *W* 7, 496, trad. [2003] p. 423-424.

citoyen moderne? On ne peut répondre affirmativement, tant Hegel insiste sur le caractère « mécanique » de son action. L'attitude du soldat est, bien plutôt, le pendant extérieur de celle du citoyen dans la vie politique intérieure. Certes, l'une et l'autre sont réfléchies. Toutefois le soldat ne pense pas par lui-même, alors que le citoyen mobilise toute sa capacité de jugement.

On voit que, dans l'État considéré en lui-même, la réconciliation des hommes n'est pas complète. Tout d'abord, la norme étatique s'exprime comme une exigence d'obéissance et, en cas de refus, comme un pouvoir de contrainte. Ensuite, seule une fraction de la population peut participer activement à la vie politique, et selon une répartition fixe des rôles. Enfin, si l'État tend à favoriser le bonheur particulier des individus, il peut aussi réclamer d'eux le sacrifice de leurs biens, voire de leur vie.

L'État est-il alors un moment de réconciliation ou de scission? L'un et l'autre, répondra-t-on, mais de manière articulée. D'un côté, la thématique de la réconciliation exprime la position de l'État comme moment ultime de la vie éthique – cette dernière étant elle-même le moment terminal de l'esprit objectif. De l'autre, la thématique de la scission manifeste l'appartenance de l'État à l'esprit objectif. Dans l'esprit absolu, tout est réconcilié, au sens où il n'y a pas de déhiscence entre l'être et le devoir-être. Dans l'esprit objectif en revanche, la norme s'oppose à l'existence et exerce sur elle une tutelle qui peut être violente. Comme le déclare par exemple une addition à propos de l'opposition de la sphère étatique et de la sphère de l'art : « L'État n'est pas une œuvre d'art ; il est dans le monde, par suite dans la sphère de l'arbitraire, de la contingence et de l'erreur ; des mesures fâcheuses peuvent le défigurer par plusieurs côtés. » [1] L'État n'est encore, de ce point de vue, que le « hiéroglyphe de la raison » [2].

1. *PPD*, Add. du § 258, *W* 7, 404, trad. [1989] (mod.) p. 260.
2. *PPD*, Add. du § 279, *W* 7, 449, trad. [1989] p. 290.

CHAPITRE X

LES RELATIONS INTERNATIONALES ET L'HISTOIRE

LE DROIT PUBLIC EXTERNE

Pour Hegel, les États se trouvent les uns par rapport aux autres dans un état de nature [1]. Non seulement il n'existe pas, aujourd'hui, de fédération interétatique au sens strict, mais cette idée n'a aucune effectivité, au sens où elle ne peut s'incarner dans la réalité. Hegel conteste-t-il ici la possibilité de tout empire ? Certainement pas, puisque la thématique de l'empire est au centre de la section sur l'histoire. En revanche, il dénonce la thèse, défendue par Kant dans son essai *Vers la paix perpétuelle*, selon laquelle les États pourraient, sur la base d'un libre accord, constituer une société de nations à la fois souveraines et liées par des règles contraignantes. On retrouve, à l'échelle du droit international, la critique hégélienne du contrat social : nulle

1. Voir *PPD*, § 333, *W* 7, 499, trad. [2003] p. 426. Le concept d'état de nature doit cependant être entendu ici en un sens structural, donc comme renvoyant à un moment de naturalité de l'*esprit*, puisque ce dernier, comme universel concret, se maintient en dépit de toutes les altérations qu'il subit (ce dont témoignent, en l'occurrence, les règles des relations internationales). Le concept d'état de nature ne signale ici que l'extériorité réciproque des nations souveraines.

unité ne peut être engendrée à partir de la seule multiplicité, car un tout (concret) ne se forme qu'en s'appuyant sur un tout (abstrait). En l'occurrence, des États indépendants ne peuvent, en vertu de leurs seules volontés particulières respectives, se fondre en une ligue cosmopolitique. Une organisation politique intégrative ne peut procéder d'un accord interétatique, car elle ne peut naître que de l'*Aufhebung* de la différence extérieure par un tout originairement constitué – bref de la conquête d'États originairement indépendants par un État capable d'imposer aux autres son organisation politique propre. En tant que les puissances étatiques sont souveraines, elles sont inévitablement en tension les unes à l'égard des autres, et nulle instance supra-étatique n'est susceptible de leur imposer un droit qui irait à l'encontre de la volonté des unes ou des autres : « Il n'y a pas de préteur entre les États, tout au plus un arbitre et un médiateur, et encore de manière seulement contingente ; c'est-à-dire selon des volontés particulières. »[1]

Faut-il voir dans cette conception une preuve du machiavélisme de Hegel, qui ferait l'apologie du rapport de force comme condition de la satisfaction des intérêts des États ? En réalité, nous avons affaire ici à la mise en évidence de la déficience des relations internationales. Pour l'auteur des *Principes*, il n'y a pas lieu de se réjouir de l'impossibilité d'une fédération d'États libres. Bien plutôt, c'est un fait qu'il faut constater et rapporter à l'extériorité qui marque inévitablement l'esprit objectif[2].

En même temps, pour Hegel, nul État n'existe véritablement s'il n'est capable de s'imposer sur la scène internationale. Il faut donc qu'il soit reconnu par les autres.

1. *PPD*, R. du § 333, *W* 7, 500, trad. [2003] p. 426.
2. Voir *PPD*, § 337, *W* 7, 501, trad. [2003] p. 428.

On peut alors analyser les rapports interétatiques comme des luttes pour la reconnaissance. Les États se rapportent les uns aux autres non pas sur un mode universel, c'est-à-dire sur la base d'un principe commun, mais de telle manière que chacun tend à faire valoir face à l'autre sa volonté particulière. Le succès de chaque État dépend alors de son identité propre, et notamment de la force de son organisation politique. La vie internationale s'épuise donc dans le mauvais infini des reconnaissances bilatérales que les États s'accordent les uns aux autres.

Sortons-nous alors de la sphère du droit ? Si tel était le cas, non seulement on ne comprendrait pas que les relations internationales fussent thématisées dans les *Principes*, mais, plus gravement, un principe fondamental de l'hégélianisme serait mis à mal, à savoir celui selon lequel le deuxième moment d'un cycle quelconque n'implique pas la sortie hors du cycle en question, mais seulement la négation de sa figure initiale. Il faut donc admettre que nous restons dans le moment étatique, donc dans la sphère du droit. De fait, les rapports entre les États ont « la nature formelle de contrats en général » [1]. Ceux-ci régulent leurs relations par des traités – lesquels sont cependant alternativement respectés et transgressés [2].

Cela signifie-t-il que nulle règle n'échapperait au caractère relatif des traités, c'est-à-dire à la possibilité d'être transgressée en cas de guerre ? En réalité, le caractère articulé de l'édifice systématique implique que seul ce qui relève proprement des relations internationales se trouve soumis aux hasards de la paix et de la guerre. Seul ce qui concerne l'indépendance des États peut être enfreint, tandis que les droits de l'esprit en tant que tel s'imposent

1. *PPD*, § 332, *W* 7, 499, trad. [2003] p. 426.
2. Voir *PPD*, § 332-333, *W* 7, 499-500, trad. [2003] p. 426.

absolument. De même, par exemple, que dans le moment de la maîtrise et de la servitude, il est licite pour le vainqueur du combat d'asservir son adversaire, mais non pas de le traiter en animal, de même un État peut tendre à détruire son adversaire en tant que puissance souveraine, mais ne peut attenter au droit des gens. En d'autres termes, il doit respecter les ambassadeurs et les institutions intérieures de l'État ennemi, ainsi que la vie familiale et les personnes privées qui relèvent de cet État. Un peuple doit donc faire valoir ses mœurs intérieures dans ses relations avec les autres peuples, même en cas de guerre[1]. Cette formulation, du point de vue de Hegel, n'est pas un vœu pieux mais l'expression d'une exigence immanente de l'esprit.

L'ENJEU DE L'HISTOIRE

Pour Hegel, l'enjeu de l'histoire est double. En premier lieu, subjectivement, elle permet le progrès de la « conscience de la liberté », c'est-à-dire de la manière dont les hommes conçoivent l'esprit. Cette conscience va désormais au-delà du simple civisme – thème essentiel du droit étatique interne – et s'élève à une dimension « cosmopolitique », au sens où elle implique une représentation de l'homme en général. En outre, alors que, dans le droit étatique interne, le peuple n'est mobilisé que formellement sous la figure de l'opinion publique, et que seuls jouent un rôle politique effectif les membres du personnel politique, l'histoire assure la formation substantielle du peuple tout entier, qui se range sous la bannière des grands hommes[2].

1. *PPD*, § 338-339, *W* 7, 502, trad. [2003] p. 429-430.
2. Voir *PH* 1822-1823, éd. p. 70, trad. p. 165 et *RH*, éd. p. 98, trad. p. 122.

En second lieu, objectivement, l'histoire permet le progrès de l'État. Il ne s'agit plus, comme dans le droit étatique interne, de la conservation des institutions, mais de leur genèse et de la formation d'un empire. Dans l'histoire en effet, le peuple en vient à dépasser ses intérêts étatiques immédiats pour incarner l'« esprit du monde » : ainsi, il s'élève à une représentation de l'humanité tout entière et édifie un État de rang mondial. Les deux aspects, subjectif et objectif, sont liés : car la mise en place d'un régime politique et la conquête d'un empire s'opèrent au nom d'une certaine conception de l'homme [1].

Pour mieux appréhender le concept d'esprit du monde, il n'est pas inutile de faire un rapprochement avec la théorie hégélienne de l'organisme animal. Celui-ci, qui dans son premier moment (« la figure ») reste centré sur sa vie physiologique intérieure et dans son deuxième moment (« l'assimilation ») n'entretient de rapports avec le monde extérieur que pour satisfaire ses besoins particuliers, en vient, dans le troisième (« le genre »), à se constituer, au moins tendanciellement, en sujet universel incluant l'individu de sexe opposé. De manière similaire l'État qui, dans son premier moment, est rivé à sa vie politique intérieure (« le droit étatique interne ») et n'entretient, dans son deuxième moment (« le droit étatique externe »), que des rapports de force avec les autres États, en vient, dans le troisième (« l'histoire »), à se représenter l'homme en général et à se constituer en État mondial. De même que le genre est une détermination immanente à l'individu vivant, l'esprit du monde constitue, à l'égard du peuple, un principe immanent d'activité [2]. – Il est en outre à noter

1. Voir *PPD*, § 343-344, *W* 7, 504-505, trad. [2003] p. 432-433.
2. Voir *PPD*, § 352, *W* 7, 508, trad. [2003] p. 437.

que l'organisme autant que l'État n'accomplissent que partiellement leur fin : car il ne peut y avoir d'animal vraiment universel (l'embryon issu de l'accouplement est inévitablement sexué, donc fini), ni non plus d'État vraiment mondial (un empire ne gouverne jamais qu'une partie du monde). Corrélativement, aussi bien les animaux que les empires sont mortels.

Comment penser alors le but de l'histoire ? Chaque peuple tend à être « en et pour soi » ce qu'il n'est d'abord que formellement. Originairement, il est donné à lui-même au sens où il possède une certaine représentation de sa liberté et une certaine organisation étatique – l'une et l'autre, cependant, étant « immédiates », c'est-à-dire closes sur elles-mêmes et sans fondement interne. À la fin du processus en revanche, le peuple dispose d'une représentation adéquate de sa liberté et d'un empire cosmopolitique. Par exemple, dans la Grèce archaïque telle que la peint Hegel, seuls jouent un rôle les héros et les membres des lignées nobles : l'excellence est donc associée aux dons naturels ou à l'appartenance familiale. Corrélativement, les formes politiques sont alors éphémères et liées seulement à des entreprises extérieures destructrices (comme l'alliance dirigée par Agamemnon en vue de la conquête de Troie)[1]. À l'opposé, dans la Grèce à son apogée, les hommes savent que leur excellence dépend de leur valeur morale et des causes qu'ils défendent (comme on le voit dans le discours de Périclès en l'honneur des soldats morts pendant la première année de la guerre du Péloponnèse)[2]. Dans le même temps, leurs cités dominent (alternativement) la Grèce toute entière, voire l'Asie, et se gouvernent à travers

1. Voir *PH* 1822-1823, éd. p. 329, trad. p. 379.
2. *Ibid.*, éd. p. 366-67, trad. p. 407.

des institutions différenciées et cohérentes, grâce auxquelles le peuple peut exprimer sa volonté.

Deux points sont alors à mettre en avant. En premier lieu, parce que les peuples sont finis, l'accomplissement de l'histoire est itératif et consiste dans la réalisation de buts partiels et d'une validité provisoire. Même lorsqu'un peuple incarne l'esprit mondial, il ne l'incarne que de manière particulière, c'est-à-dire à partir de sa conception spécifique de l'homme [1]. En second lieu toutefois, parce que l'esprit, à la différence de la nature, ne consiste pas dans la répétition mais dans le progrès, les peuples qui entrent en scène les uns après les autres sont anthropologiquement supérieurs les uns aux autres – et ceci au sens où ils ont une conception de l'homme de plus en plus satisfaisante. C'est pourquoi le développement de l'histoire n'est pas seulement interne à chaque peuple mais s'opère aussi à l'échelle internationale [2]. En d'autres termes, la transition d'un peuple à l'autre entraîne le progrès général de l'humanité. Par exemple, pour Hegel, dans le monde oriental les hommes ne sont que les « accidents » de la « substance » étatique [3]. À l'opposé, dans le monde germanique, tout homme est considéré comme ayant une « valeur infinie » [4] Mais ce progrès n'a rien de naturel, car il est assuré par l'activité historique des peuples, qui luttent les uns contre les autres et dominent successivement la scène mondiale. Ce développement peut être appréhendé comme un « tribunal », dans la mesure où les États insuffisamment légitimes sont condamnés – c'est-à-dire

---

1. Voir *PPD*, § 340, *W* 7, 503, trad. [2003] p. 430.
2. *PPD*, § 346, *W* 7, 505, trad. [2003] p. 433-434.
3. *RH*, éd. p. 246, trad. p. 284.
4. Voir *LPH*, *W* 12, 403, trad. p. 256.

vaincus. Ce tribunal n'est pas transcendant mais immanent (s'il en allait autrement, l'histoire ne serait pas rationnelle), puisque ce sont les États dont le régime est le plus fondé (c'est-à-dire le plus libre) qui vainquent ceux dont le régime est le moins fondé. Et l'accomplissement ultime de l'histoire – qui ne se traduit, bien entendu, par aucun « arrêt », mais bien plutôt par une vie étatique pleinement épanouie – a lieu quand le peuple prend conscience de la destination de tout homme à la liberté, et se donne des institutions à la fois unitaires et telles qu'elles respectent les droits de la particularité.

C'est donc parce que la question de la norme est essentielle dans l'histoire que cette dernière se trouve traitée dans un ouvrage de philosophie du droit. Le fil conducteur du progrès historique, en effet, n'est pas constitué des rapports de force mais des rapports de légitimité. Le progrès historique est celui, théorique, de la représentation de l'homme et celui, pratique, des régimes politiques. Les États vainqueurs dominent non pas en vertu de leur puissance factuelle mais parce que la vérité et la légitimité sont de leur côté [1].

Peut-on alors prévoir *ex ante* en quoi consiste la réalisation du but de chaque peuple ? Nullement, car l'accomplissement d'un cycle quelconque est la négation de son commencement. Plus généralement, le passage d'un moment à l'autre du peuple n'a rien de mécanique, puisqu'il repose sur une libre décision, celle de s'opposer au moment antérieur. Il y a ici une difficulté, mais elle renvoie à l'un des aspects les plus intéressants de l'hégélianisme. Prenons l'exemple du peuple germanique. Celui-ci se caractérise d'un bout à l'autre de son histoire par une aspiration à des

---

1. Voir *PPD*, § 351, *W* 7, 507-508, trad. [2003] p. 436-437.

institutions assurant l'intégration de chaque homme considéré en sa particularité. Cela signifie-t-il, cependant, que le régime germanique terminal, c'est-à-dire de type « luthérien », serait déductible du régime germanique inaugural, c'est-à-dire – pour simplifier – de type « carolingien » ? Nullement, car le vouloir initial ne tend pas à l'instauration d'un régime luthérien mais seulement à l'instauration « en et pour soi » d'un régime carolingien. Ainsi, l'avènement du régime médiéval, puis du régime luthérien, requiert que l'esprit germanique initial renonce à lui-même au profit de buts inédits. D'un but à l'autre, il y a certes une structure commune. Néanmoins, chacun nie celui qui le précède, de sorte que le progrès n'est pas linéaire et que le moment terminal n'est pas déductible du commencement. C'est pourquoi Hegel s'oppose avec constance à toute prétention à la connaissance de l'avenir. La philosophie ne connaît son objet que lorsque celui-ci s'est accompli.

LES CONDITIONS DU PROGRÈS HISTORIQUE

Pour Hegel, ce sont donc les peuples qui font l'histoire. Un peuple désigne une collectivité humaine unifiée par un savoir et un vouloir communs. Cet état d'esprit est d'abord un donné naturel, mais la tâche du peuple est d'en opérer l'*Aufhebung* en faisant de lui-même son œuvre propre. Devenir auteur de soi-même : telle est, en définitive, la fin de chaque peuple.

Néanmoins, les peuples ne peuvent agir entièrement spontanément, car, comme on l'a vu ci-dessus, ils ne savent pas ce qu'ils veulent. Ils ont besoin d'être conduits par les « grands hommes » qui, à la fois, partagent leur état d'esprit et disposent, génialement, de la perspicacité qui leur permet de mettre en œuvre ce que les peuples, eux, ne savent qu'obscurément [1]. Les grands hommes savent ce que leur époque – c'est-à-dire leur peuple à leur époque – exige. Ils ont de ce fait le droit de mettre à bas les institutions désuètes alors en vigueur, pour les remplacer par un État qui répond à l'exigence populaire. Le droit du héros ne s'appuie pas sur sa force mais sur sa conformité à l'esprit de son peuple [2].

Que veulent cependant les grands hommes ? Une des thèses fameuses de Hegel est qu'ils ne sont nullement désintéressés. Ils veulent, en bouleversant leur État d'appartenance, satisfaire leurs ambitions propres. Leur volonté est un mixte de raison (c'est-à-dire d'adéquation au vouloir universel de leur peuple) et de passion (c'est-à-dire de défense de leurs intérêts individuels). Telle est la contradiction de l'histoire : les grands hommes n'agissent pas en vue de l'universel mais du particulier. Certes, ils veulent changer l'État et le rendre adéquat, mais pour s'arroger, dans le nouvel État, un rôle dominant. Or, comme le changement de l'État est précisément ce à quoi aspire leur peuple, leur action est efficace et légitime. En revanche, leurs ambitions égoïstes ne peuvent être satisfaites que si les circonstances contingentes leur sont favorables. Par définition, cela ne peut être entièrement le cas, et leur finitude les voue au malheur : ils n'obtiendront probablement ni honneur ni gratitude de la part de leurs contemporains ou de la postérité, mais seulement la reconnaissance théorique, extra-politique, de leur rôle dans l'histoire [3].

---

1. Il reste cependant que les grands hommes ne sont pas des philosophes et ignorent tant le progrès global de l'histoire que la place de leur peuple dans ce progrès : voir *PPD*, § 348, *W* 7, 506, trad. [2003] p. 435.

2. Voir *PPD*, § 350, *W* 7, 507, trad. [2003] p. 436.

3. Voir *PPD*, § 348, *W* 7, 506, trad. [2003] p. 435.

Qu'entend cependant Hegel lorsqu'il affirme que la raison gouverne l'histoire [1] ? Comme la rationalité désigne l'unité du subjectif et de l'objectif, l'expression signifie que l'histoire se gouverne elle-même – et, plus précisément, que les peuples ont en eux-mêmes le principe de leur devenir, qui n'est autre que la volonté qui les définit en propre. Néanmoins, dans l'histoire, la raison est finie au sens où elle n'existe que sur un mode pluriel et à chaque fois partiel. Un peuple n'a qu'une volonté finie puisqu'il n'incarne qu'une certaine conception de l'homme (c'est encore le cas du peuple germanique, car sa conception propre n'intègre pas celle des autres mais les exclut). Le progrès de l'histoire ne repose pas sur un principe universel qui se réaliserait tel quel, mais sur une série de principes fragmentaires. Pour cette raison, chaque peuple ne joue son rôle que provisoirement et est finalement sacrifié par le progrès d'ensemble. Un peuple est, contradictoirement, une fin en soi et un simple moyen du progrès historique [2].

LE DÉROULEMENT DE L'HISTOIRE

Le règne oriental

L'Orient est le continent du soleil levant : spectacle sublime mais qui n'est que le commencement du jour, vision fascinante mais qui empêche l'esprit de se tourner vers lui-même. L'homme oriental est sans profondeur et divinise la nature extérieure.

L'Orient se caractérise en effet, dit Hegel, par l'engloutissement de l'individu dans la substance étatique : « Dans

---

1. *PH* 1830-1831, *G W* 18, 162, trad. p. 71. Voir *PPD*, § 342, *W* 7, 504, trad. [2003] p. 431.
2. *Cf.* Ch. Bouton, *Le Procès de l'histoire*, Paris, Vrin, 2004, p. 195 *sq.*

le faste de ce tout, la personnalité individuelle s'évanouit sans droit. »[1] Les Orientaux se représentent la liberté comme immédiate, c'est-à-dire comme singulière et contingente : d'un côté un seul homme est libre, à savoir le souverain, et les autres sont dépourvus de droits, de l'autre l'identité du monarque est accidentelle et ne s'explique ni par ses qualités personnelles (comme en Grèce), ni en vertu de règles formelles (comme à Rome), ni en vertu des règles rationnelles de la succession dynastique (comme dans le monde germanique). Nous avons affaire à la forme politique du despotisme. Le despote ne gouverne pas en vue du bien commun (comme en Grèce), ni en vue du bien de l'État comme puissance anonyme (comme à Rome), ni conformément à des principes universels (comme dans le monde germanique), mais seulement selon son bon plaisir. Le régime oriental est « théocratique » en ce qu'il se caractérise par la confusion de l'universel et du particulier, puisque ce dernier ne peut se faire valoir de manière indépendante et que l'homme doit obéir, tel un enfant, aux exigences du souverain[2].

Comme on le voit, l'analyse hégélienne du despotisme doit beaucoup à celle de Montesquieu, mais Hegel ajoute la dimension « patriarcale » du despotisme, puisque le souverain oriental, selon lui, se comporte comme un père à l'égard de ses enfants. Les Orientaux ont une âme puérile, ils sont habités par une « confiance non formée ». C'est en ce sens que le despotisme, quand bien même il est injuste au regard de l'histoire, leur est approprié. La naturalité de l'esprit oriental se traduit par le fait que les qualités propres des individus ne sont pas prises en compte

---

1. *PPD*, § 354, *W* 7, 509, trad. [2003] p. 439.
2. Voir *LPH*, *W* 12, 143-145, trad. p. 90.

et que leur rôle dans l'État dépend de leurs castes natives. Parce qu'il est immédiat, l'État oriental est incapable d'évoluer en lui-même : sa transformation est donc non pas temporelle mais spatiale : chaque empire est soit immobile (Chine) soit strictement instable (Inde), soit enfin constitué d'une série de territoires – montagnes, plaines et littoraux – dont les peuples coexistent en liberté sous la domination bienveillante du Grand roi (Perse) [1].

Le règne gréco-romain

a) La Grèce représente, avec Rome, le moment médian de l'histoire, dans la mesure où la liberté, alors ne concerne ni un seul individu, ni tous, mais quelques-uns. La Grèce se caractérise, plus précisément, par la prise de conscience de la liberté de l'homme. Mais cette liberté reste conditionnée et bornée. Significatif est le dialogue entre Œdipe et le sphinx, divinité orientale. Parce qu'il ne dispose pas de la réponse, le sphinx, qui reste englouti dans la naturalité, pose la question : « Quel est l'animal qui, le matin, marche sur quatre pattes, à midi sur deux, et le soir sur trois ? » Œdipe le Grec sait ce qu'est l'homme – il honore le commandement delphique du « connais-toi toi-même » – et, en répondant à la question, précipite le sphinx dans l'abîme. Toutefois, Œdipe a eu besoin de la stimulation orientale pour accéder à la conscience de soi. D'ailleurs, lorsqu'il est confronté à son identité véritable, celle de meurtrier de son père et d'époux de sa mère, il préfère se rendre aveugle : l'esprit grec n'est pas encore celui de la libre connaissance de soi-même. Certes, la Grèce se caractérise par la clarté, l'intelligibilité et la beauté : mais ces attributs s'opposent à un fond obscur, énigmatique et

1. Voir *LPH*, *W* 12, 233, trad. p. 145.

monstrueux, dont ils ne peuvent entièrement s'affranchir. De même, l'esprit grec est incapable d'autonomie. Il dépend, pour son action, de l'injonction des oracles : « L'ultime décision de la volonté n'est pas encore déposée en la subjectivité de la conscience de soi qui est pour soi, mais au contraire en une puissance qui est supérieure et extérieure à cette conscience de soi. »[1]

L'homme grec se caractérise par son excellence individuelle. Il n'est plus, comme l'Oriental, un enfant, mais un jeune homme admirable, un héros à l'image d'Achille ou d'Alexandre. Le Grec sait et veut ce qui est essentiel. Certes, à la différence de l'Européen post-antique, il ne se rapporte pas à l'universel et ne s'assigne aucun devoir abstrait. Mais, il n'est pas non plus l'esclave d'impulsions contingentes, car il est mû par une inclination de haut rang. Jouissant d'une « belle liberté » au sens où il identifie naturellement son bien propre à celui de la cité, il a une disposition d'esprit démocratique.

Toutefois le monde grec est morcelé : en lui n'existent que de petites cités incapables de s'unifier vraiment. En outre, la liberté y est conditionnée par la présence d'esclaves, car elle exclut le travail (alors que le monde chrétien, et plus précisément luthérien, le valorise et en fait un moment constitutif de l'existence libre). Dans le monde grec, la liberté dépend de circonstances contingentes ou de vertus naturelles, de sorte qu'elle ne concerne qu'une frange réduite de la population. À cause de ces limites, un tel monde ne pouvait avoir que le sort de la jeunesse, celui de passer comme une fleur.

b) L'esprit romain se caractérise quant à lui par la scission entre la vie « privée » du droit de propriété, dans

---

1. *PPD*, § 356, *W* 7, 510, trad. [2003] p. 440.

laquelle les individus sont reconnus comme égaux, et la vie publique, dans laquelle ils sont soumis à un État qui méprise leurs intérêts propres. Alors que rien ne vaut en Grèce que les individus, à Rome c'est la puissance étatique qui domine, une puissance anonyme qui réclame des hommes un complet sacrifice. L'État romain est en outre scindé entre un patriciat violent et une plèbe corrompue. Alors qu'en Grèce le lien politique repose sur l'inclination de chaque citoyen, à Rome il est l'effet d'un pouvoir oppressif et brutal, qui, comme le montre l'histoire des empereurs, peut aller jusqu'à la monstruosité.

Le règne germanique

Le monde germanique – c'est-à-dire le monde européen post-antique – accède à une liberté infinie au sens où il saisit que l'homme est libre en tant que tel. En effet, l'Européen fonde sa liberté non pas sur telle ou telle condition extérieure, donc contingente, mais sur sa capacité à déterminer lui-même le principe de sa pensée et de son action. La liberté, pour lui, ne consiste pas à agir selon son bon plaisir, à être le citoyen d'une cité indépendante ou à disposer de la personnalité juridique, mais à penser et agir par soi-même et en vertu de principes généraux. La liberté germanique repose sur une décision intérieure et un processus d'autoformation. Dans son agir libre, l'homme manifeste son infinité – laquelle se révèle, sur un mode représentatif, dans la religion chrétienne [1].

Sur le plan institutionnel, cette conception de la liberté se traduit par le fait que les citoyens se conforment aux règles de l'État non par obéissance filiale (comme chez les Orientaux) ni par inclination (comme chez les Grecs)

1. Voir *PPD*, § 358, *W* 7, 511, trad. [2003] p. 441-442.

ou esprit de discipline (comme chez les Romains) mais en vertu d'un patriotisme réfléchi. Ils obéissent aux normes universelles de l'État pour elles-mêmes. En même temps, dans l'État germanique, la particularité a le droit de se faire valoir. La liberté consiste donc dans la réconciliation de l'universel et du particulier : c'est pourquoi le règne germanique conclut l'histoire et assure la réalisation de son but.

Toutefois, l'État germanique connaît une évolution interne.

a) Tout d'abord, des tribus primitives à l'empire carolingien, l'esprit européen reste caractérisé par des mœurs barbares. Déjà, l'individu fait montre de fidélité à l'État et de goût pour la liberté (au sens où chaque homme a le droit de défendre ses intérêts propres). Néanmoins, ses principes restent ceux, rudimentaires pour Hegel, des vertus théologales de la foi, de l'espérance et de l'amour.

b) Puis, au Moyen Âge, le monde germanique se scinde entre un principe proprement spirituel (l'Église) et un principe profane (l'État). L'Église est l'institution qui se préoccupe de l'universel, par exemple de la prise en compte de la valeur infinie de tout homme et des droits et devoirs que cette valeur implique, tandis que l'État est l'institution qui prend en charge les intérêts particuliers des individus. Corrélativement, si l'Église gouverne les âmes, l'État dirige les actions extérieures. Cependant, dans cette lutte séculaire du pape et de l'empereur, l'Église se corrompt au sens où elle en vient elle-même à se comporter comme une puissance étatique et à défendre des intérêts particuliers. Sa spiritualité se révèle non rationnelle (croyance en la présence sensible du Christ dans l'hostie, culte des reliques, inquisition, entretien de la terreur de l'enfer…). Et l'État, quant à lui, se morcelle dans le féodalisme, de sorte que la puissance de l'empereur finit par n'être plus que symbolique – d'où les divisions qui minent le Saint Empire romain germanique. Néanmoins, la conscience civique s'affine et la terrible discipline imposée par l'Église prépare les hommes à vouloir l'universel pour lui-même : « L'élément mondain [...] élève la culture [...] jusqu'à la rationalité du droit et de la loi. »[1]

c) Enfin, le monde moderne – ici au sens de post-médiéval – voit la réconciliation du spirituel et du profane dans la mesure où, avec la Réforme, les principes chrétiens peuvent s'incarner adéquatement dans l'État (la réconciliation n'a plus son lieu en dehors de la vie réelle mais en elle), tandis que l'État s'unifie en mettant fin à l'indépendance des grands féodaux et en se rendant maître des aspects profanes de la vie de l'Église. Cette dernière cesse d'être une puissance temporelle, et l'État se gouverne lui-même. De nos jours, il se détermine même à partir de principes généraux qui ne doivent plus rien à l'autorité de la religion, comme l'a montré avec éclat la Révolution française. Malheureusement, la France révolutionnaire a prétendu ne s'appuyer que sur des principes abstraits, ce qui l'a amenée, lors de la Terreur, à détruire les institutions particulières. L'Allemagne post-révolutionnaire est plus sage, dans la mesure où elle ne cherche nullement à imposer à son peuple une constitution *a priori*, mais laisse la vie éthique se développer par elle-même, en abolissant les privilèges et en étendant le règne de la loi, en permettant à chacun de faire valoir comme il l'entend ses intérêts propres, enfin en permettant à tous les hommes qui en ont l'aptitude de participer à la vie de l'État.

---

1. *PPD*, § 360, *W* 7, 512, trad. [2003] p. 443.

L'histoire, pour Hegel, mène donc à un État libérateur. Il faut cependant souligner les limites de ce résultat. Quand bien même l'État de type germanique repose sur la volonté universelle des hommes, et donc assure leur liberté, il est néanmoins fini : en effet, il ne met fin ni à la distinction des gouvernants et des gouvernés à l'intérieur, ni à la guerre à l'extérieur. D'ailleurs l'État allemand, pour Hegel figure aujourd'hui ultime du développement politique, quoique constitué en empire (on peut en effet considérer, jusqu'à un certain point, que la confédération germanique est un empire), ne possède qu'un territoire borné, et cette limitation dans l'espace est l'indice de son caractère provisoire. On peut donc imaginer – mais la tâche de la philosophie n'est pas de prophétiser – que des nations neuves, non encore développées, en viendront prochainement à jouer un rôle de premier plan sur la scène mondiale. Certes, le régime politique désormais en vigueur a atteint son plein épanouissement, mais l'histoire reste caractérisée par le mauvais infini de la succession des nations finies.

CONCLUSION

Pour Hegel, le droit n'est donc l'expression ni d'un ordre originaire du monde, ni d'une volonté transcendante, mais d'une volonté inscrite dans l'expérience – une volonté qui, en chaque moment de l'esprit objectif, est commune à un ensemble d'individus. Toutefois cette volonté n'a rien d'arbitraire, car elle répond à une tendance fondamentale de l'esprit, celle d'être chez soi dans son autre. En l'occurrence, l'esprit a pour volonté de prendre possession du monde extérieur – qui se présente comme l'ensemble des biens appropriables, comme le milieu en lequel le sujet peut accomplir ses buts intérieurs et comme la série des collectivités humaines – en lui imposant des règles. C'est pourquoi il est fondamentalement normatif.

Quelle est alors l'évaluation hégélienne des différents moments du droit ? En premier lieu, l'auteur des *Principes* défend la propriété, qu'il considère comme la condition première de la liberté. Mais il prône une propriété ouverte à tous : c'est pourquoi il dénonce le droit prussien antérieur aux réformes de Stein et Hardenberg, qui faisait dépendre l'accès à la propriété de la condition sociale des individus. Toutefois, pour lui, si l'on peut définir un droit général à la propriété, ce droit ne peut régler ni son contenu ni sa quantité. L'indétermination de la propriété est la rançon de son statut inchoatif dans l'édifice de l'esprit objectif, et implique qu'il n'y a pas lieu de dénoncer l'excès, le défaut ou les inégalités de richesses. Plus généralement, la question du mien et du tien n'est pas affaire de principe mais de fait. Est mien ce que je possède, acquiers ou recouvre factuellement, et le droit abstrait – telle est sa déficience – se borne à consacrer cette factualité.

En deuxième lieu, Hegel défend le droit de chacun à définir lui-même la maxime de son action. À ses yeux, il serait odieux d'obliger l'homme à adhérer à des valeurs qu'il n'aurait pas choisies lui-même – et, réciproquement, de lui reprocher, parmi les multiples aspects et conséquences d'une action quelconque, ceux qu'il n'aurait pas prévus et voulus pour eux-mêmes. Toutefois, lorsque la maxime est particulière, elle est par définition d'une validité bornée. Elle s'expose donc à la critique et peut être inefficiente. Même si l'action « morale » est un moment de plein droit de l'esprit objectif, elle constitue néanmoins une phase de contradiction.

En troisième lieu enfin, Hegel valorise fortement la vie éthique, qu'il conçoit comme une sphère de réconciliation. Certes, elle reste en butte à la finitude propre à l'esprit objectif, de sorte qu'elle est disséminée en une série de moments opposés. Mais, à l'intérieur de chacun d'entre eux, la validité de la norme éthique est entière. Par exemple, les lois d'un peuple quelconque sont expressives de sa volonté et, de son point de vue, incontestables.

Quelles sont alors les valeurs politiques de Hegel ? Celles-ci doivent être examinées notamment à partir des textes sur le droit public interne mais, plus encore, des textes sur l'histoire. Que signifie en effet sa critique des régimes despotique (en Orient), démocratique (en Grèce) et aristocratique (à Rome), ainsi que sa valorisation du régime monarchique (dans le monde européen post-antique) ? Pour Hegel, le complet développement de l'esprit implique que tous les hommes aient part à la vie politique, et que leur volonté s'élève à un choix délibéré en faveur de l'universel. Hegel rejette le despotisme oriental et l'aristocratie romaine qui se traduisent, dit-il, soit par l'infantilisation des individus, soit par leur oppression. Mais il dénonce également la « belle liberté » grecque, parce qu'elle est irréfléchie et repose sur une excellence « naturelle » qui laisse à l'écart ceux qui sont voués aux labeurs sans honneur. Pour lui, les hommes doivent adhérer aux normes publiques librement et au nom de principes. En un mot, leur accord avec la légalité doit ménager une place à la possibilité du désaccord. La conscience civique et l'action en faveur du bien commun doivent dès lors reposer sur la décision du citoyen de surmonter son égoïsme et son esprit de faction. Tel est ce qu'on observe, dit Hegel, dans le monde moderne (au sens de post-antique), qui accède à son effectivité dans le protestantisme, parce que la décision politique s'y opère par étapes et en surmontant, d'un côté, l'intérêt unilatéral de l'État en tant que tout abstrait, de l'autre, les intérêts égoïstes des individus.

Hegel est-il alors démocrate au sens contemporain du terme ? De multiples prises de positions incitent à répondre négativement à cette question :

– Il critique le système électoral dans lequel la voix de chacun serait prise en compte « abstraitement », c'est-à-dire indépendamment de son appartenance à tel ou tel état social. Plus encore, c'est à l'égard de tout processus électoral qu'il manifeste des réserves, puisque celui-ci, dit-il, aboutit *nolens volens* à la monopolisation du pouvoir par un parti politique, lequel, en raison même de sa particularité, devrait plutôt être neutralisé [1].

---

1. Voir *PPD*, R. du § 311, *W* 7, 481, trad. [2003] p. 410.

– Il dénonce toute attitude d'opposition entre le parlement et le gouvernement. À ses yeux, l'idée même que le gouvernement pourrait être moins préoccupé par le bien commun que le parlement n'est que le point de vue de la « populace »[1]. Inversement, on ne peut admettre, dit-il, que le gouvernement ait, à l'égard du parlement, un comportement hostile[2]. Certes, une opposition de surface, liée à la concurrence passionnée des hommes pour l'accession aux postes gouvernementaux, est acceptable. Mais il ne peut y avoir d'options politiques fondamentalement divergentes : car l'État dispose d'une volonté universelle ou n'est pas, de sorte que tout ce qui divise le peuple conduit à sa destruction.

– Il ne cesse de répéter que le peuple ne sait pas ce qu'il veut et, pour cette raison, a besoin d'une élite éclairée : fonctionnaires, parlementaires, grands hommes… Comme le montre la polémique avec Fries, Hegel est hostile à toute souveraineté directe du peuple. Pour lui, l'État doit être dirigé d'en haut, et les acteurs du changement historique, à l'exemple de César, Frédéric II ou Napoléon, ne sont pas des contestataires mais des gouvernants.

– Enfin, on ne peut qu'être frappé par son attachement au pouvoir légitime. Certes, pour lui, la loi n'est authentique que si tout individu peut se reconnaître en elle. Mais, ceci étant acquis, l'incivisme est inacceptable et la fidélité de l'individu au pouvoir établi doit être entière[3].

Toutefois des arguments peuvent aussi être avancés en faveur de ce qu'on pourrait nommer un « républicanisme » fondamental de Hegel. Pour lui, l'État ne se définit pas

---

1. Voir *PPD*, R. du § 301, *W* 7, 470, trad. [2003] p. 399 et R. du § 302, *W* 7, 472, trad. [2003] p. 401.

2. *PPD*, Add. du § 301, *W* 7, 471, trad. [1989] p. 308.

3. *PPD*, Add. du § 317, *W* 7, 485, trad. [1989] p. 319.

comme un moyen destiné à assurer la réalisation d'un certain nombre de biens collectifs, au besoin contre la volonté populaire. Mais il est, bien plutôt, l'institution-nalisation de la volonté du peuple – celle de se produire, précisément, comme un peuple unifié. En outre, Hegel considère que l'État n'est rationnel que dans la mesure où ses principes prennent la figure de lois, et que, si chaque époque historique commence avec une forme politique en laquelle seule importe la volonté du chef, elle se conclut, en revanche, avec l'apparition d'un corps politique différencié qui permet l'intégration du peuple dans la vie de l'État. Enfin, pour lui, le pouvoir doit être pluriel et structuré en instances distinctes et telles que chacune soit souveraine en son domaine propre. C'est précisément parce que chacun des trois pouvoirs de l'État est médiatisé par lui-même qu'il est légitime.

Il faut également noter que ce « républicanisme » en vient à présenter une part de « libéralisme », puisque Hegel défend le droit de chacun, dans l'État, à faire valoir ses intérêts particuliers – que ceux-ci soient de nature politique ou extra-politique. Certes, il ne théorise aucune limitation de la puissance étatique en son moment propre (les autres moments restant quant à eux indépendants), mais il considère que l'État n'est véritablement libre que s'il autorise ses membres à défendre aussi des buts personnels.

Dans son milieu, Hegel compte parmi les esprits éclairés, comme le montrent son attachement aux réformes de Stein et Hardenberg et, malgré sa prudence, la relative hostilité à laquelle il est en butte de la part du pouvoir prussien (qui se traduit, après sa mort, par l'appel à Berlin de Schelling, considéré comme son adversaire). Certes, par rapport aux valeurs politiques qui sont les nôtres, il ne peut plus être un modèle de progressisme. Toutefois on peut trouver, dans son insistance sur le caractère processuel de toute réalité juridico-politique, dans sa mise en avant du caractère laborieux et toujours menacé de l'instauration du droit, enfin dans la primauté qu'il accorde à la question de la réconciliation et de l'unité dans la différence, un puissant outil pour penser la liberté politique, ses difficultés et ses promesses.

BIBLIOGRAPHIE

TEXTES DE HEGEL PRINCIPALEMENT CITÉS

Textes allemands

HEGEL, *Die Vernunft in der Geschichte*, hrsg. von J. Hoffmeister, Hambourg, Meiner, 1955.

Gesammelte Werke, Hambourg, Meiner, à partir de 1968 (noté *GW*).

Werke in zwanzig Bänden, hrsg. von E. Moldenhauer und K.M. Michel, Francfort-sur-le-Main, Suhrkamp Verlag, 1970 (noté *W*).

Vorlesungen über Rechtsphilosophie, hrsg. von K.-H. Ilting, Stuttgart-Bad Cannstatt, Frommann- Holzboog, 1973-1974, 4 volumes.

Vorlesungen über Naturrecht und Staatswissenschaft, Heidelberg 1817-1818 (Nachschrift von P. Wannenmann), hrsg. von C. Becker *et al.*, Hambourg, Meiner, 1983.

Vorlesungen über die Philosophie der Weltgeschichte, Berlin 1822/23, hrsg. von K.H. Ilting, K. Brehmer, H.N. Seelmann, Hambourg, Meiner, 1996.

Traductions françaises et abréviations

HEGEL, *La raison dans l'histoire*, trad. K. Papaioannou, Paris, UGE, 10/18, 1965 (noté *RH*).

Leçons sur la philosophie de l'histoire, trad. J. Gibelin revue par É. Gilson, Paris, Vrin, 1967 (noté *LPH*).

Encyclopédie des sciences philosophiques, trad. B. Bourgeois, Paris, Vrin, 1970-1988, 3 volumes (noté *Enc.*).

Leçons sur l'histoire de la philosophie, trad. P. Garniron, Paris, Vrin, 1971-1991, 7 volumes (noté *LHP*).

Des manières de traiter scientifiquement du droit naturel, trad. B. Bourgeois, Paris, Vrin, 1972.

Écrits politiques, trad. M. Jacob, Paris, Champ Libre, 1977.

Principes de la philosophie du droit, trad. R. Derathé et J.-P. Frick, Paris, Vrin, 1989 (noté *PPD* [1989]).

Leçons sur le droit naturel et la science de l'État, 1817-1818, trad. J.-Ph. Deranty, Paris, Vrin, 2002.

Principes de la philosophie du droit, trad. J.-F. Kervégan, Paris, PUF, 2003 (noté *PPD* [2003]).

Phénoménologie de l'esprit, trad. B. Bourgeois, Paris, Vrin, 2006.

La *Philosophie de l'histoire*, trad. M. Bienenstock (dir.), J.-M. Buée, Ch. Bouton, N. Waszek, G. Marmasse, D. Wittmann, Paris, Le Livre de Poche, 2009 (noté *PH*; l'ouvrage traduit deux introductions autographes de 1822 et 1830-1831 et la *Leçon* de 1822-1823).

COMMENTAIRES

AVINERI Shlomo, *Hegel's Theory of the modern State*, Cambridge, CUP, 1972.

BOURGEOIS Bernard, *Le Droit naturel de Hegel. Commentaire*, Paris, 1986.

– *Études hégéliennes. Raison et décision*, Paris, 1992.

BOUTON Christophe, *Le procès de l'histoire. Essai sur l'idéalisme historique de Hegel*, Paris, Vrin, 2004.

DENIS Henri, *Hegel, penseur politique*, Lausanne, L'Âge d'homme, 1989.

D'HONDT Jacques, *Hegel, philosophe de l'histoire vivante*, Paris, PUF, 1966.

– *Hegel, biographie*, Paris, Calmann-Lévy, 1998.

FLEISCHMANN Eugène, *La pensée politique de Hegel*, Paris, Plon, 1964.

Hyppolite Jean, *Introduction à la philosophie de l'histoire de Hegel*, Paris, Point-Seuil, 1983.

Kervegan Jean-François, *Hegel, Carl Schmitt. Le politique entre spéculation et positivité*, Paris, 1992.

– *L'Effectif et le rationnel*, Paris, Vrin, 2007.

–, Marmasse Gilles (dir.), *Hegel penseur du droit*, Paris, CNRS Éditions, 2003.

Lefebvre Jean-Pierre et Macherey Pierre, *Hegel et la société*, Paris, 1984.

Losurdo Domenico, *Hegel et les libéraux*, Paris, PUF, 1992.

Mercier-Josa Solange, *Entre Hegel et Marx. Points cruciaux de la philosophie hégélienne du droit*, Paris, L'Harmattan, 1999.

Planty-Bonjour Guy, *Le Projet hégélien*, Paris, Vrin, 1993.

Ritter Joachim, *Hegel et la Révolution française*, suivi de *Personne et propriété chez Hegel*, Paris, Beauchesne, 1970.

Soual Philippe, *Le Sens de l'État*, Louvain-Paris, Peeters, 2006.

Taylor Charles, *Hegel et la société moderne*, Paris, Cerf, 1998.

Vieillard-Baron Jean-Louis, *Hegel, Penseur du politique*, Paris, éditions du Félin, 2006.

Weil Éric, *Hegel et l'État*, Paris, 1950.

TABLE DES MATIÈRES

Achevé d'imprimer en septembre 2019
sur les presses de
La Manufacture - Imprimeur – 52200 Langres
Tél. : (33) 325 845 892

N° imprimeur : 191344 - Dépôt légal : octobre 2019
Imprimé en France